Ingénierie de formation pour l'entreprise

Ingénierie de formation pour l'entreprise

Analyser
Concevoir
Réaliser
Évaluer

Thierry ARDOUIN

DUNOD

ISBN 2 10 006502 5

Table des matières

Introduction

L'ÉLABORATION d'un projet de formation ne se réduit pas à la définition d'un contenu de stage et d'une pédagogie adaptée, mais nécessite de prendre en compte à la fois la demande de l'organisation et son environnement. Il s'agit de mettre en œuvre une démarche effective qui tienne compte des différentes dimensions d'une situation.

Depuis la loi de 1971 sur la formation professionnelle, cette dernière s'est fortement développée, quantitativement dans un premier temps – nombre de formations, de personnes et volume financier, puis qualitativement dans un deuxième temps – par des démarches intégrant les logiques d'entreprises, mais aussi les attentes individuelles.

La formation est une réalité sociale et professionnelle de plus en plus présente. C'est au cours de ce développement qu'est apparue l'ingénierie de la formation, ou ingénierie de formation. Dans le même temps, le métier s'organise, se forme, s'outille techniquement et méthodologiquement, en un mot se professionnalise et fait reconnaître la spécificité de ses savoir-faire. Être responsable de la formation en entreprise nécessite des connaissances particulières, des méthodologies appropriées et une appréhension pédagogique de l'adulte. La mission de l'ingénierie de la formation est bien cette mise en dynamique professionnelle.

Mais, comme nous le verrons, l'ingénierie de la formation ne se réduit ni à un manuel de recettes ou de procédures à appliquer, ni à un ésotérisme militant, mais à une réelle construction professionnelle.

Cet ouvrage se veut une synthèse pour un positionnement critique de l'ingénierie de formation et un cadre méthodologique et pratique pour les professionnels et les acteurs de la formation. C'est à la fois un point d'étape et un point de départ.

Point d'étape parce que cet ouvrage est le fruit d'un aller-retour incessant entre les travaux de recherche sur la relation emploi-formation, où la question de la compétence est omniprésente, et les interventions directes en situation avec les professionnels de la formation : chargés de formation, responsables de formation, formateurs, et ce dans différents secteurs professionnels. Le lecteur y trouvera donc des points d'ancrage théoriques et des exemples de situations ; le praticien aguerri y verra une certaine formalisation de sa pratique.

Point de départ parce que ce travail n'a de sens que dans l'action et pour l'action, c'est-à-dire qu'il a vocation à être un outil au service des acteurs de la formation. Les documents, fiches et réflexions proposés sont d'ailleurs directement issus de la pratique et transposables en situation. Point de départ donc pour agir ou pour ré-agir, en fonction de son propre parcours et de sa propre situation professionnelle.

Il s'adresse à tous les professionnels de la formation qu'ils soient en entreprise, en organisme de formation, dans des institutions ou services publics.

Nous prenons ici le parti de situer l'ingénierie de la formation dans les organisations. Dans ce cadre, le plan de formation revêt une grande place et les différents aspects abordés, en amont et aval de celui-ci, sont donc directement utilisables par les responsables formation et les directions des Ressources Humaines. Cependant, cette approche est à la fois nécessaire et complètement transférable et exploitable par les formateurs-consultants, les responsables de formation d'organismes de formation et les institutionnels. Ces différents acteurs et professionnels sont en effet en prise plus ou moins directe avec les entreprises et doivent pouvoir appréhender la démarche d'ingénierie de la formation.

L'ingénierie de la formation, se situe bien dans une logique où la démarche professionnelle d'ingénierie se met au service de la formation dans sa perspective la plus large et la plus ouverte. La formation est bien la recherche du développement de l'individu dans toutes ses dimensions en adéquation avec son contexte et son environnement ; elle ne saurait être réduite ni à la seule acquisition de connaissances ni à l'application de compétences, c'est-à-dire à la transposition de capacités plus ou moins intégrées à la logique productive. La formation est bien *une transformation* qui est justement une combinaison des différentes logiques : individuelle, de l'organisation, de l'apprentissage et du travail. La formation est à la fois un vecteur de la compétence mais va au-delà de la compétence. Ce positionnement de l'ingénierie de la formation est l'objet du premier chapitre où nous découvrirons que quatre étapes sont nécessaires à son déploiement : analyse de la demande, conception du projet, réalisation et évaluation. Après un positionnement socio-historique de l'ingénierie en formation, les quatre étapes sont présentées et instrumentées. Chacune des différentes étapes fait alors l'objet d'une partie spécifique.

Comme il s'agit à la fois de positionner des concepts et de fournir une méthodologie opérationnelle, les parties sont construites dans cette double perspective. Le lecteur trouvera pour chaque étape des « Fiches Guide » exploitables dans son activité professionnelle.

PARTIE 1

L'ingénierie en question ou la question de l'ingénierie

CHAPITRE 1

L'ingénierie de formation : vous avez dit formation ? vous avez dit ingénierie ?

La réponse est oui, mais quelle était la question ?

Woody Allen

LE TERME D'INGÉNIERIE est relativement récent et parfois controversé dans le domaine de la formation. La formation d'adultes, de conception récente, a vu en effet le développement de nombreux concepts et notions, voire le transfuge de certains termes. Il en est ainsi pour l'ingénierie de la formation sur laquelle il existe désormais une littérature devenue abondante. Nous constatons en effet une profusion de travaux où nous avons pu recenser plus de cinquante définitions sur l'ingénierie et l'ingénierie de formation, qu'il convient de regarder et formaliser, voire conceptualiser.

Nous donnerons donc les éléments clés d'apparition de ce terme et porterons la réflexion sur son utilisation dans la formation.

Vous avez dit formation ?

Au départ était l'éducation si bien définie par Émile Durkheim[1] : « L'éducation est l'action exercée par les générations adultes sur celles

1. DURKHEIM E., *Éducation et Sociologie*, Paris, PUF, 1999.

qui ne sont pas encore mûres pour la vie sociale. Elle a pour objet de susciter chez l'enfant un certain nombre d'états physiques, intellectuels et moraux que réclament de lui, et la société politique dans son ensemble et le milieu social auquel il est particulièrement destiné. »

Cette éducation sociale et d'acquisition de savoirs est mise en œuvre par le système d'enseignement qui n'a cessé d'évoluer dans un double paradoxe :

- former le plus grand nombre pour assurer la cohésion sociale et former l'élite pour le renouvellement des savoirs ;
- s'adapter à l'environnement socio-économique et garantir un développement et une indépendance culturelle.

Après guerre, dans une période de reconstruction, la formation des salariés est une nécessité qui, après consultation et négociation, deviendra un droit inscrit dans la loi. Il faut cependant rappeler avec Pierre Goguelin[1] que : « Le mot formation est actuellement employé de façon si courante qu'il est difficile d'imaginer qu'il n'était pratiquement pas utilisé avant 1950. De 1850 à 1960, aucun des dictionnaires ou encyclopédies consultés ne fait référence au mot formation, à une quelconque activité d'enseignement, d'instruction ou d'éducation. »

Les lois du 16 juillet 1971 ont permis le développement de la formation professionnelle continue dans un esprit volontariste et humaniste d'éducation permanente comme l'indique l'article premier : « L'éducation permanente constitue une obligation nationale. Elle a pour objet d'assurer à toutes les époques de sa vie, la formation et le développement de l'homme, de lui permettre d'acquérir les connaissances et l'ensemble des aptitudes intellectuelles ou manuelles qui concourent à son épanouissement comme au progrès culturel, économique et social. » (Loi n° 71-577 du 16 juillet 1971, d'orientation sur l'enseignement technologique).

La formation est un élément de l'éducation, au sens de la loi (Art. L.900-1 du Code du travail) : « La formation a pour objet de permettre l'adaptation des travailleurs au changement des techniques et des conditions de travail, de favoriser leur promotion sociale par l'accès aux différents niveaux de la culture et de la qualification professionnelle et leur contribution au développement culturel, économique et social. »

1. GOGUELIN P., *La formation-animation, une vocation*, Paris, ESF Editeur, 1991.

Si nous nous arrêtons sur ce terme de formation, nous nous apercevons rapidement qu'il renvoie à plusieurs acceptions. Ainsi, selon les personnes, acteurs ou institutions, la formation est :

- l'acquisition de connaissances techniques ou professionnelles ;
- l'appropriation d'aptitudes manuelles ou intellectuelles ;
- l'adaptation aux changements techniques, sociaux et à l'organisation du travail ;
- un changement ou l'accompagnement d'un changement ;
- un moyen d'évolution professionnelle et personnelle ;
- un moyen d'accès à la culture ;
- un instrument de développement économique de l'entreprise et des organisations ;
- une obligation nationale ;
- un outil de développement et de progrès de la société dans ses différentes dimensions ;
- un ensemble de savoirs au service de la pratique.

Mais c'est aussi :

- une démarche contextualisée et inscrite dans une logique opérationnelle et stratégique ;
- une démarche pédagogique instrumentée à partir d'une situation professionnelle, actuelle, voulue ou souhaitée ;
- un investissement personnel d'un individu, acteur « apprenant » qui cherchera à utiliser ou non ses nouveaux acquis ;
- une transformation de la personne.

La formation peut donc être tout cela à la fois ou, en fonction de l'interlocuteur et de la situation, un seul de ces éléments en particulier.

De cette première déclinaison, nous retenons avec Bernard Honoré[1] quatre aspects fondamentaux inhérents à la formation, à la fois différents et complémentaires :

- la formation comme droit de l'homme ;
- la formation comme condition du développement économique et social ;

1. HONORÉ B., *Vers l'œuvre de la formation*, Paris, L'Harmattan, 1992.

- la formation comme expérience révélatrice de besoins personnels fondamentaux ;
- la formation comme aspect appliqué des sciences humaines.

Ainsi, « la formation est une dimension de l'activité humaine, liée au changement, elle caractérise des phénomènes évolutifs et apparaît à notre époque comme une exigence »[1].

Dans cette optique, la formation s'inscrit dans un système à plusieurs éléments et à plusieurs niveaux qu'elle va chercher à mettre en synergie. Il s'agit bien en effet de combiner et d'intégrer le savoir – au sens général du terme – à la stratégie, individuelle ou collective, des acteurs dans une situation éducative particulière. Cette dernière étant elle-même inscrite dans une organisation ou institution participant du système socio-économique.

Dans ce sens, la formation est tout à la fois un produit, une situation, un processus ou une institution :

- la formation est un *produit* en tant que résultat d'un travail d'appropriation avec un niveau de qualification atteint ou revendiqué ;
- la formation comme *situation* en tant que mise en relation de différents acteurs dans un cadre pédagogique donné ;
- la formation comme *processus* en tant que démarche d'apprentissage et de changement pour les individus ou les organisations ;
- la formation est aussi une *institution* comme un système organisé ayant une réalité sociale intégrée à la société.

On ne peut que difficilement penser la formation sans prendre en compte *a minima* ces différentes dimensions.

> En définitive, nous dégagerons la définition suivante : « La formation est l'action de se doter de moyens pour permettre l'acquisition de savoirs par une personne ou un groupe, dans une perspective contractuelle, en lien avec un contexte donné en vue d'atteindre un objectif ».

La formation apparaît comme un tout où les différentes parties sont difficilement dissociables entre :

1. *Op. cit.*

– formation personnelle et formation professionnelle ;
– apprentissage théorique et appropriation pratique ;
– les temps spécialisés et les temps interprofessionnels ;
– la formation pour soi et la formation pour l'institution ;
– l'expérience et les connaissances.

Vous avez dit ingénierie ?

Si le terme d'ingénierie est relativement ancien, son utilisation de manière commune date de 1970 lorsqu'il est employé dans le rapport du comité pour le VIe plan. Son passage dans le domaine de la formation date des années 1985 (Pain 1989, Collardyn 1985, Le Boterf 1985, Viallet 1987). Cependant ce « passage » est loin d'être automatique et perçu comme une évolution pertinente de la formation.

Jacky Beillerot[1] nous donne en effet sa perception de l'ingénierie : « L'ingénierie est à la mode ; on utilise le terme de plus en plus, y compris en matière de formation. Si on voulait dire que l'éducation mérite une attention aussi soutenue que celle que l'on déploie pour les objets manufacturés, ou bien si on voulait dire que les activités de formation se développent dans des contextes sociaux et pédagogiques pour lesquels il est nécessaire de mobiliser réflexion, rationalité, organisation, moyens, il n'y aurait rien à redire, on se réjouirait même. Mais il ne s'agit pas de cela. Il s'agit de faire croire que des termes importés d'ailleurs font modernes. Que des termes d'ailleurs vont aider à résoudre les problèmes spécifiques de la formation, à la faire comprendre pour la maîtriser. Mode et imposture, bluff et misère de pensée : systémisme, ingénierie et autres analyses transactionnelles ne sont que des oripeaux du temps, chargés de la même besogne que l'astrologie : tromper et faire illusion. »

À l'inverse de cette position très marquée, nous trouvons Guy Le Boterf [2] qui situe : « l'ingénierie, comme l'ensemble coordonné des activités permettant de maîtriser et de synthétiser les informations

1. BEILLEROT J., *Voies et voix de la formation*, Paris, Éd. Universitaires, 1988.
2. LE BOTERF G., *L'ingénierie et l'évaluation de la formation*, Paris, Éditions d'Organisation, 1990.

nécessaires à la conception et à la réalisation d'un ouvrage (unité de production, bâtiment, système de formation, réseaux de télécommunication) en vue :

– d'optimiser l'investissement qu'il contient ;

– d'assurer les conditions de sa viabilité ».

Ainsi, « l'ingénierie de formation constitue l'ensemble coordonné des travaux méthodiques de conception et de réalisation des systèmes de formation »[1].

Entre ces deux positions, l'une très critique et polémique, l'autre pouvant apparaître comme technique, cette notion nous apparaît comme étant en cours de conceptualisation.

L'ingénierie, comme tous les termes nouveaux ou innovants, ne s'est installée que progressivement dans le monde de la formation. Ce terme, issu du génie et des métiers de l'*ingénieur,* a effectivement été « récupéré » de ces disciplines pour être incorporé puis digéré par ce secteur en expansion qu'est la formation. Mais, si cette importation peut toujours être critiquable, il est important qu'un corps professionnel utilise et adapte des termes issus d'autres disciplines pour définir et construire son langage. Comme Pierre Gillet[2] pour la compétence, nous utiliserons l'idée du « concept-outil » comme « moyen d'aide à la conception (qui) fonctionne à l'aise dans le champ de la praxéologie ». L'ingénierie est ainsi usitée dans le domaine de la formation comme un concept-outil, c'est-à-dire partant de la pratique vers une conceptualisation, au risque de la logomachie tant décriée par Jean-Pierre Legoff[3]. Il interpelle ainsi le lecteur : « La fascination pour l'entreprise va finir par vider la notion d'éducation permanente de son sens. Le mélange entre le jargon des formateurs et celui du management va atteindre son paroxysme. La pédagogie devient avant tout affaire d'"ingénierie", de méthodologies, de "boîtes à outils"... ».

Dans cette polémique, où les professionnels de la formation sont directement impliqués, voire mis en cause, il est donc important et

1. *Op. cit.*
2. GILLET P., « Pour une écologie du concept de compétence », *Éducation permanente*, 1988, n°135, p. 23-32.
3. LE GOFF J.-P., *La barbarie douce. La modernisation aveugle des entreprises et de l'école*, Paris, La Découverte, 1999, p. 90.

nécessaire de nous arrêter sur ce « nouveau » terme d'ingénierie et d'analyser ses différentes composantes dans l'ingénierie de la formation.

Évolution de l'ingénierie et son entrée en formation

L'analyse chronologique, voire généalogique, nous a permis de dégager quatre périodes spécifiques, en prenant le parti de démarrer à partir de 1971. Nous avons ainsi : 1971-1975, 1976-1982, 1983-1992, 1993-2000. Ces périodes, situées dans le domaine de la formation professionnelle, ont été à la fois imposées et découvertes.

Imposées par le fait que chacune de ces périodes s'est constituée dans un cadre socio-économique et législatif déterminant, tel les lois de 1971 portant sur l'organisation de la formation professionnelle, les années 1975-1976 avec l'installation de la crise, 1983 avec les lois de décentralisation et 1993 avec la loi quinquennale. La prochaine période sera sans doute celle de la réforme de la formation professionnelle annoncée depuis le début des années 2000.

Découvertes, par le fait que ces découpages imposés se retrouvent en grande partie dans l'évolution et l'implantation de l'ingénierie en formation des adultes.

➤ Première période : 1971-1975

Dans cette période de croissance économique, on parle d'ingénierie dans les champs de l'industrie, du génie civil, des systèmes de gestion et d'organisation. L'ingénierie s'attache à des activités réflexives, intellectuelles et non systématiquement opérationnelles d'un ouvrage dans une logique d'investissement. Sa tâche est donc de :

- optimiser un investissement ;
- réduire la complexité des technologies en vue de les rendre exploitables pour une utilisation de masse.

On ne parle pas encore d'ingénierie en ce qui concerne la formation, cette dernière fonctionne dans une sorte d'autarcie, sans réel échange avec d'autres champs notamment celui du travail. Rien ne fait valoir dans l'environnement professionnel l'importance d'une convergence des objectifs individuels, de groupes de salariés et de l'entreprise. Il n'y a pas ou peu d'évaluation, la formation est l'objectif où seuls la participation et la contribution sont mesurées, le plus souvent dans une dimension quantitative.

Cependant, la loi de 1971 sur la formation professionnelle marque une rupture avec la période précédente et un démarrage particulier pour la formation d'adultes. Tout d'abord, elle devient obligatoire pour les entreprises : si ce n'est dans l'obligation de former, tout au moins dans l'obligation de financer. Les conséquences sont d'une part, que la formation est considérée par les entreprises comme une charge et un coût, et d'autre part qu'en raison de la manne financière apportée par cette obligation financière des entreprises, les organismes de formation fleurissent et donnent un nouveau paysage social.

➤ Deuxième période : 1976-1982

À cette période, la crise s'installe et « le bout du tunnel » semble de plus en plus éloigné. Le chômage ne cesse de croître dans un environnement instable et une incertitude sur l'emploi. À l'époque, on analyse les problèmes de chômage comme une non-adéquation de la population par rapport aux offres de travail. La formation devient un outil de réparation des désordres du marché du travail et un moyen de réponse à la crise économique, d'une part, et à l'insertion des jeunes sortant du système scolaire, notamment ceux sans qualification, d'autre part. La formation apparaît comme un outil de réparation des dysfonctionnements mal identifiés et non anticipés. Ce sont les décisions politiques qui organisent la réponse de formation par des mesures à court terme et volontairement visibles.

Les organismes de formation se multiplient et les entreprises ne voient toujours pas la formation comme un progrès potentiel et une façon de mieux appréhender l'avenir.

Nous sommes dans « l'ère du catalogue » où c'est l'offre des organismes de formation qui structure la demande des employeurs ; le « stage » est la référence.

L'ingénierie de formation n'est pas présente et l'évaluation reste quantitative, le plus souvent exprimée en nombre de stagiaires et en pourcentage de la masse salariale.

➤ Troisième période : 1983-1992

Le changement des conditions économiques entraîné par la crise va susciter d'autres démarches dans le domaine de la formation.

En effet, tant que l'offre était inférieure à la demande, et que l'organisation du travail et le poste de travail étaient figés dans le système économique, les entreprises ont éloigné la formation de leurs priorités. Un certain nombre de facteurs vont faire évoluer la position de la formation. La formation n'apparaît plus seulement comme une solution curative aux problèmes d'emplois, mais comme un outil possible d'accompagnement face aux évolutions économiques. Durant cette période, les préoccupations sont centrées sur les mécanismes de transition entre milieu de travail et de formation. On s'interroge sur la conception de systèmes éducatifs et particulièrement de systèmes de formation professionnelle. La formation devient une action parmi d'autres de l'art du management, elle n'est plus une réparation mais une anticipation. La formation est de moins en moins considérée comme une dépense sociale mais comme élément participant à la stratégie de la performance des entreprises et des organisations.

Cette période est une période charnière, transitionnelle, où le concept d'ingénierie émerge dans le champ de la formation. L'objectif principal reste l'optimisation de l'investissement, mais les différentes étapes de l'ingénierie apparaissent de plus en plus clairement. Au début de cette période, l'ingénierie renvoie majoritairement à l'analyse, la conception et la réalisation.

L'ingénierie de l'éducation fonde un outil méthodologique dont le principe est la prise en compte du maximum de variables possibles dans le but de créer un système d'action. Elle suppose une démarche prévisionnelle, la concertation avec différents partenaires et une capacité de traduction des objectifs en actions. Elle comprend la conception, l'étude, la planification et la réalisation d'un ouvrage éducatif (Pain, 1989).

Quant à l'évaluation, elle est effectivement réalisée mais ne semble pas directement intégrée comme étape incontournable de l'ingénierie. L'évaluation se décline ici comme une étape spécifique. Elle fait cependant son entrée dans l'ingénierie de formation, tout d'abord à côté puis incorporée à celle-ci.

L'évaluation devient une partie intégrante de l'ingénierie. Elle se retrouve dans la démarche de normalisation des termes de la formation et dans cette définition de l'Afnor (1992) élaborée par un groupe pluri-institutionnel d'acteurs : « L'ingénierie de la formation désigne l'ensemble des démarches méthodologiques articulées. Elles s'appliquent à la conception de systèmes d'actions et de dispositifs de formation pour atteindre efficacement l'objectif fixé. L'ingénierie de formation comprend l'analyse des besoins de formation, la conception du projet formatif, la coordination et le contrôle de sa mise en œuvre et l'évaluation des effets de la formation. »

➤ Quatrième période : 1993-2000

Pour faire preuve de compétitivité, les entreprises doivent tenir compte de deux grands axes d'amélioration :

– l'organisation du travail et le développement des compétences ;

– une organisation qui n'est plus figée mais ouverte.

Cette organisation du travail et ce développement des compétences nécessitent d'aborder le problème de la qualification et de la formation de façon très différente. Il faut désormais intégrer le dispositif de formation dans la vie de l'entreprise et l'adapter sur mesure à son besoin. C'est cette mise au point du processus complet *d'ingénierie de formation* qui s'attache :

– en amont, à l'analyse du travail réel dans sa dimension socio-organisationnelle, intégrant les objectifs politiques ou stratégiques ;

– à la mesure des écarts entre les compétences requises par ce travail et celles des personnes et des équipes qui sont dans le collectif de travail ;

– à la mise au point d'un projet individuel de formation et/ou collectif, dans le cas de formation-action, de façon à faire acquérir les compétences complémentaires requises ;

– à la prise en compte des différents acteurs intervenants dans les dispositifs ;

– à la mise en œuvre de ce projet, par étapes successives, dans les conditions les plus favorables possible, avec souplesse et réactivité, dans une logique « d'ensemblier » ;

– à une évaluation du résultat, car la compétence est liée à la performance et donc à la mesure d'un résultat.

L'ingénierie est et reste un moyen et non une finalité, et l'architecture mise en œuvre doit préserver la pertinence et l'efficience du dispositif.

Les différents champs d'intervention

Nous avons vu apparaître un glissement dans l'utilisation de l'ingénierie. Ainsi d'une définition générale centrée sur les projets industriels ou de construction, l'ingénierie se décline au fur et à mesure dans les différents aspects des sciences sociales :

– ingénierie de la formation (Le Boterf G., 1985) ;
– ingénierie pédagogique (Bouthors M., 1987) ;
– ingénierie de l'éducation (Danvers F., 1992) ;
– ingénierie des ressources humaines (AFPA, 1992) ;
– ingénierie sociale (de Gaulejac V., Bonetti M., Fraise J., 1995).

L'aspect économique est peu présent dans ces déclinaisons de l'ingénierie. On parle pourtant désormais d'*ingénierie financière*. Pour Pierre Gensse et Patrick Topsacalian[1] : « L'ingénierie financière propose un ensemble d'outils destinés à favoriser les opérations de haut de bilan. Discipline récente, elle se caractérise par l'utilisation de méthodes innovantes, élaborées, transversales, et par la recherche de solutions originales à des problèmes financiers qui touchent aux structures de l'entreprise en général et au capital en particulier. Ses techniques permettent de minimiser les apports tout en favorisant le maintien, voire la prise de contrôle. »

Nous retrouvons cette *fonction « d'ensemblier »* dans la recherche, la coordination, et la mise en œuvre de différents financements pour la réalisation d'actions ou de dispositifs de formation. Il n'est pas rare en effet de combiner divers financeurs et institutions dans le cadre du projet de développement en général et/ou de formation, comme les financements européens (Fonds Social Européen), les OPCA, les Régions, la DRTEFP et l'entreprise.

Cette fonction de l'ingénierie financière sera d'ailleurs de plus en plus présente et demandée dans l'élaboration de projet et le montage d'action de formation.

En définitive, l'ingénierie est donc passée du domaine du génie à l'industrie et au secteur du bâtiment travaux publics, au secteur tertiaire, notamment dans le montage de projet commercial puis

1. GENSSE P., TOPSACALIAN P., *Ingénierie financière*, Paris, Economica, 1999.

informatique, pour s'étendre aux domaines des services dont la formation. Son intégration dans le champ social, et plus spécifiquement dans la formation, n'est pas seulement un effet de mode. Cela, nous semble-t-il, renvoie à une réalité professionnelle et à la revendication légitime de savoir-faire professionnels particuliers. Cependant, si nous sommes favorables à cette importation lexicale et sémantique avec ce qu'elle comporte de nouvelle lisibilité professionnelle, elle n'enlève rien aux risques de « jargonnage » et de « technicisation » comme nous le verrons ultérieurement. Plus que jamais, cette revendication de l'ingénierie de la formation doit s'accompagner d'une vigilance dans la justesse des propos et dans les innovations proposées.

Et aujourd'hui l'ingénierie de formation

On voit que l'ingénierie de la formation s'est peu à peu imposée comme une nécessité dès lors que la formation est devenue une préoccupation pour les entreprises, dans la mesure où elle est apparue comme un facteur de développement de leur compétitivité. Cette conception de la formation et les dispositifs mis en œuvre amènent un recouvrement entre les notions de compétence et de performance. La compétence devient un enjeu stratégique pour l'entreprise dans la mesure où, grâce à elle, l'entreprise va pouvoir se différencier de ses concurrents. Et si la compétence est bien devenue un enjeu stratégique, la formation n'est plus une charge pour les entreprises en évolution, elle est reconnue comme un investissement, elle est un moyen d'assurer et de réussir cet enjeu stratégique. Dans cette perspective, la formation ne pourra être efficace que si elle est en permanence articulée avec l'organisation du travail.

Formation et organisation sont ensemble dans un processus dynamique où le développement des compétences est complètement lié au développement de l'organisation et réciproquement (on parle d'ingénierie des compétences collectives). Dans ces conditions, les personnes chargées de l'encadrement doivent être fortement impliquées, c'est un changement radical de leur mission que de se consacrer au développement de la compétence (on parle d'ingénierie des compétences). Il est par conséquent nécessaire qu'existe un lien très fort avec le référentiel du métier. L'objectif de la formation se déplace sur la professionnalisation des personnes afin qu'elles soient plus performantes au sein de leur organisation, mais aussi qu'elles disposent d'une qualification suffisante pour faciliter leur mobilité sur un marché du travail instable (on parle d'ingénierie des parcours ou de professionnalisation). Le travail et la formation ont donc une tendance de plus en plus affirmée à parfois se superposer pour les salariés en poste, mais aussi pour les jeunes en formation en alternance.

L'ingénierie de formation consiste ainsi à faire l'analyse complète du travail et à monter un projet de formation adapté, pour aider l'entreprise à évoluer et à devenir plus performante (on parle ici d'ingénierie de projet formation ou du plan), mais aussi pour que l'individu puisse progresser à l'intérieur de son projet.

Si comme nous l'avons vu, « la formation est l'action de se doter de moyens pour permettre l'acquisition de savoirs par une personne ou un groupe, dans une perspective contractuelle, en lien avec un contexte donné en vue d'atteindre un objectif », alors l'ingénierie de formation ne s'arrête ni à l'acquisition de techniques ou capacités, ni à la mise en œuvre de « recettes ».

L'ingénierie de formation regroupe les différentes actions et dispositifs liés au développement du savoir-faire de l'entreprise, tant au niveau individuel, d'équipe, collectif ou de l'organisation.

L'activité du responsable de formation se situe dans une mise en perspective de deux grands axes :

- un axe individu/collectif ;
- un axe formation/production.

Le responsable de formation se doit en effet d'ancrer son action, et la fonction formation, en tenant compte de ces quatre pôles :

- Au niveau *individuel*, la formation participe au développement et à la transformation des personnes, non seulement par l'apport de connaissances, mais aussi par la socialisation qu'elle permet. En définitive, la formation est toujours mise en œuvre par l'individu qui seul apprend. Il reste toujours pertinent qu'elle est aussi mise en œuvre pour l'individu.
- Au niveau *organisation*, en tant que collectif de travail, la formation s'inscrit dans une logique de développement des structures et de pérennité de celles-ci.

– Au niveau *production*, la formation a aussi pour objectif le renforcement de l'efficacité et une logique d'utilisation des savoirs dans le process de travail en vue de son amélioration.
– Au niveau *formation*, la formation a bien évidemment comme ambition première le développement des savoirs.

Le responsable de formation doit en effet intégrer dans le système formation de l'organisation les dimensions individuelle et collective, mais aussi permettre l'appropriation de nouveaux savoirs en lien avec le système de travail ou la production. Il s'agit de concilier formation et production, niveau individuel et niveau collectif. Le croisement de ces axes permet une lecture globale de l'ingénierie.

L'ingénierie de la formation est un ensemble coordonné de quatre domaines (figure 1.1) :
– ingénierie des compétences individuelles, entre production et individu ;
– ingénierie des compétences collectives, entre production et organisation ;
– ingénierie de parcours et de professionnalisation, entre individu et formation ;
– ingénierie du plan de formation, entre formation et organisation.

Figure 1.1 – Dynamique de l'ingénierie de la formation

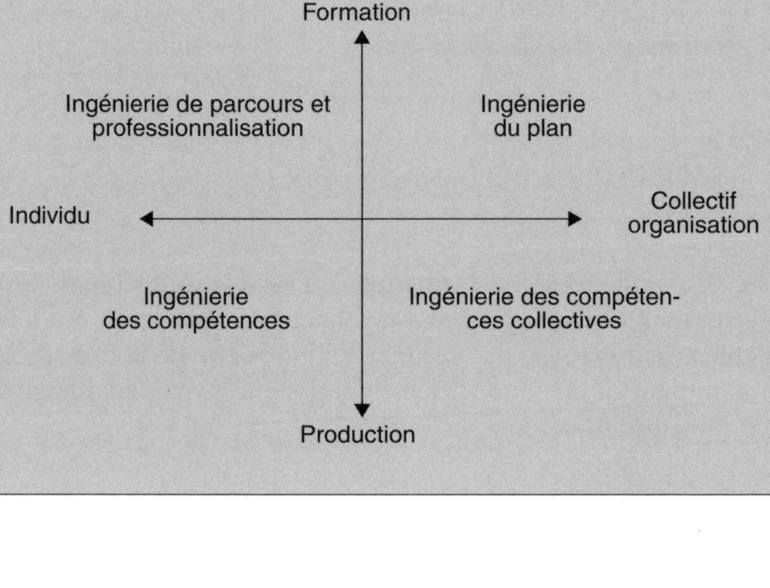

Ces différents domaines, inscrits dans une dynamique volontariste, renvoient à des finalités particulières qui se traduisent par des actions spécifiques, comme nous le synthétisons dans le tableau 1.1.

Tableau 1.1 – Ingénierie de formation : une démarche, des domaines

Domaines	Finalité	Actions de formation
Ingénierie des compétences individuelles	Développement des compétences individuelles	Adaptation à l'emploi Formations techniques
Ingénierie des compétences collectives	Développement des compétences collectives et des groupes de travail	Accompagnement et gestion de projet Formation-action d'équipe ou de projet Formation au management et à l'encadrement
Ingénierie de parcours et de professionnalisation	Développement des qualifications et accompagnement de parcours de professionnalisation	Formation diplômante ou qualifiante Accompagnement de promotion Parcours de socialisation professionnelle Développement des « hauts potentiels » Proposition de CIF
Ingénierie du plan de formation	Développement du plan de formation	Plan de formation de l'entreprise Formation public cible Intégration des actions dans une logique d'ensemble

Les cadres de la fonction formation, qu'ils soient ingénieurs-formation, responsables de formation ou formateur-consultant, se doivent d'intégrer les différentes dimensions de l'ingénierie de la formation en vue notamment de développer leurs compétences dans ce domaine de plus en plus spécifique.

En définitive, nous définirons l'ingénierie de la formation comme une démarche socioprofessionnelle où l'ingénieur-formation a, par des méthodologies appropriées, à analyser, concevoir, réaliser et évaluer des actions, dispositifs et/ou systèmes de formation en tenant compte de l'environnement et des acteurs professionnels. Ces actions, dispositifs ou systèmes sont mis en œuvre de manière optimale en vue du développement de l'organisation et des personnes.

L'ingénierie de formation (niveau organisationnel) se trouve à l'interface de l'ingénierie des politiques (niveau stratégique et décisionnel) et de l'ingénierie pédagogique (niveau pédagogique).

Chapitre 2

Déconstruire l'ingénierie pour la reconstruire

Au regard de notre approche, nous pouvons alors « déconstruire » l'ingénierie dans sa finalité, ses niveaux, ses acteurs, ses étapes et ses outils.

La finalité de l'ingénierie

Il ressort très nettement que la finalité première d'une démarche d'ingénierie, quel que soit le domaine, est la recherche d'une *optimisation de l'investissement.* Les objectifs, du point de vue de l'ingénierie en général, se situent dans une logique de renforcement de l'efficacité de l'action, voire de rentabilité. L'ingénierie cherche donc à se doter des moyens nécessaires et suffisants pour agir dans les meilleures conditions possibles compte tenu des contraintes de l'environnement.

L'ingénierie de la formation apparaît ici comme le moyen de réaliser cette finalité d'optimisation. Pour ce faire, l'ingénierie de formation construit une « architecture de la formation », mais aussi permet de donner du sens à celle-ci en la resituant dans son contexte culturel ou socioprofessionnel.

Les trois niveaux de l'ingénierie

Nous pouvons distinguer trois grands types d'ingénierie.

➤ L'ingénierie des politiques

Les systèmes de formation comme les pratiques pédagogiques prennent corps au sein de cadres plus généraux, qui renvoient à des décisions politiques, qui elles-mêmes témoignent de choix plus fondamentaux dans le domaine du social et des ressources humaines. C'est le niveau stratégique et décisionnel, c'est-à-dire le *maître d'ouvrage*. Le maître d'ouvrage donne les orientations politiques. Pour atteindre ces objectifs, la formation peut être un moyen intégré à un ensemble. Le maître d'ouvrage passe alors commande de « l'ouvrage de formation » à un maître d'œuvre qui fera appel autant que de besoin à différents fournisseurs ou prestataires de service. Cette commande est toujours une reconstruction entre la demande initiale et la réalité du projet. À cette étape, le maître d'ouvrage peut s'adjoindre des compétences d'experts, consultants ou conseillers pour guider sa réflexion. Ces différentes personnes peuvent se trouver à l'intérieure de l'organisation ou mandatées en externe.

➤ L'ingénierie des systèmes de formation

Il s'agit de la construction et de l'ossature du projet de formation traduit en dispositif et en action. Ce niveau désigne le système de l'apprentissage tel qu'il existe dans le cadre contractuel et juridique, en prenant en compte les objectifs du maître d'ouvrage, les réalités du contexte et les contraintes de l'environnement. C'est le niveau organisationnel qui correspond au *maître d'œuvre* de la formation. Le maître d'œuvre a pour fonction la réalisation partielle ou totale de l'ouvrage commandé. Il en assure la mise au point, l'architecture d'ensemble, le pilotage et la régulation de la réalisation à partir d'un cahier des charges. Il met donc en œuvre les différentes phases et étapes du projet, ou ouvrage.

➤ L'ingénierie des pratiques pédagogiques ou ingénierie pédagogique

Nous retrouvons ce qui caractérise le travail pédagogique : le choix des supports, des contenus, des formateurs ou intervenants, le choix des logiques de transmission et des méthodes d'apprentissage. C'est le niveau pédagogique et opérationnel qui correspond aux *prestataires* ou aux *fournisseurs*. Ces différents prestataires ne sont plus seulement des centres de formation plus ou moins spécialisés, mais aussi un ensemble de prestataires qui vont intervenir à différents niveaux du processus d'apprentissage et/ou d'orientation professionnelle comme les centres de bilans, cabinets de conseils, de recrutement, centres de validation des acquis ou des sociétés de produits multimédia.

Ces termes, maître d'ouvrage, maître d'œuvre, fournisseurs ou prestataires, sont relativement récents dans le domaine de la formation. Ils ont en effet été importés du secteur du bâtiment. Ils sont encore peu présents dans les écrits même s'ils sont de plus en plus utilisés. Marcel Lesne et Yvon Minvielle[1] nous disent : « Ces activités de maître d'ouvrage, maître d'œuvre et fournisseurs n'ont pas toujours été pleinement développées. Elles s'affirment aujourd'hui à un moment où les ouvrages de formation n'ont plus forme unique. » Cependant si « les activités de maître d'ouvrage, maître d'œuvre et fournisseurs se sont progressivement différenciées, elles ont peu à peu émergé, sans pour autant être attribuées à des acteurs sociaux précis ».

Parallèlement à ces trois niveaux, les différents acteurs concernés peuvent s'appuyer sur différents experts, consultants et/ou institutionnels qui sont autant de sources d'informations, avis et expertises dans l'aide à la prise de décision ou les modalités de réalisation.

Nous pouvons alors synthétiser ces trois niveaux en lien avec les types d'ingénierie, les acteurs et les principaux domaines d'intervention (tableau 2.1).

1. LESNE M., MINVIELLE Y., *Socialisation et formation*, Paris, Païdeia, 1990, p. 192.

Tableau 2.1 – Les niveaux et les domaines de l'ingénierie de la formation

Types d'ingénierie	Niveaux	Acteurs	Domaines
Ingénierie des politiques	Stratégique Décisionnel	Maître d'ouvrage	– Politique générale – Management – Politique sociale et salariale – Gestion du personnel et des emplois – Politique de formation – Politique de communication – Réglementation sociale – Politique Qualité
Ingénierie de la formation	Organisationnel	Maître d'œuvre	– Analyse des emplois et compétences – Analyse des besoins de formation – Montage d'actions, dispositifs de formation adaptés à la culture de l'organisation – Planification de la formation – Gestion du plan de formation – Logistique matérielle – Choix de prestataires – Recherche de financements complémentaires et montage de projets en multifinancement – Coordination des projets et formations – Évaluation de la formation
Ingénierie pédagogique	Opérationnel Apprentissage Pédagogique	Fournisseurs Prestataires Organismes de formation Centres de bilans Cabinets et centres spécialisés : recrutement, multimédia, conseil Centre de Validation des Acquis Prestataires de services	– Identification des prérequis – Recrutement des stagiaires – Évaluation des acquis – Préparation et mise en œuvre des démarches pédagogiques en lien avec les contraintes – Préparation et utilisation des contenus, supports et matériels – Coordination pédagogique – Recrutement des formateurs et animation de l'équipe pédagogique – Évaluation des acquis – Validation des acquis

Au regard du tableau 2.1, faut-il parler d'ingénierie ou d'ingénieries ? Pour Annie Ponchelet[1], « l'ingénierie ne serait pas plurielle puisque ses acteurs s'attacheraient conjointement au système de formation (infrastructure) et au système pédagogique (mise en œuvre) dans la perspective unique d'un service de qualité rendu à la fois aux entreprises et aux apprenants ». L'ingénierie est avant tout un processus qui, comme nous l'avons vu, prend en compte le maximum d'éléments pertinents d'un système.

> Ainsi, nous pouvons dire que l'ingénierie (au singulier) renvoie à une démarche, tandis que les ingénieries (au pluriel) renvoient à des domaines et des pratiques comme l'ingénierie de l'alternance, l'ingénierie de l'insertion, l'ingénierie financière et bien sûr l'ingénierie de la formation.

Les acteurs

La démarche d'ingénierie nécessite, nous l'avons vu, de coordonner un grand nombre d'acteurs, individuels ou institutionnels. Nous présentons ici les différents acteurs avec lesquels l'ingénieur de la formation devra travailler, qu'il soit en entreprise, en centre de formation ou dans une structure institutionnelle (Ministère, Délégation de l'État, Conseil Régional...).

1. PONCHELET A., « Ingénierie ou ingénieries ? », *Actualité de la Formation Permanente,* 1990, n°107, p. 29-37.

Tableau 2.2 – Acteurs et ingénierie

Niveaux	Acteurs externes	Organisation et hiérarchie	Acteurs internes
	État, Région Branches professionnelles		Comité d'entreprise Syndicats
Ingénierie des politiques	OPCA	Direction générale	
			Directions administratives et fonctionnelles
		Direction des Ressources Humaines	
Ingénierie de formation	Organismes de formation	Responsable de formation Ingénieur-formation	Cadres et responsables de services
	Prestataires de services	Collaborateurs et assistants	Personnels, salariés, publics cibles
Ingénierie pédagogique	Formateurs	Formateurs internes	Apprenants Stagiaires
		Autres établissements Autres responsables	

Le tableau 2.2 montre bien les interactions entre les acteurs et les niveaux. De même, la limite ou frontière entre les niveaux n'est pas systématique ni toujours lisible. Les niveaux et les acteurs peuvent se superposer, être mouvants. Ce tableau doit donc être « lu » comme une grille d'analyse de l'environnement professionnel, dégageant la nécessité de prendre en compte ce dernier.

Repérer les acteurs en jeu est donc une nécessité pour l'ingénieur de la formation. Il a aussi à constituer son propre réseau au sein du système d'acteurs.

Dans ce système d'acteurs, chacun a ses objectifs et ses attentes, dictés tant par l'institution, la place dans l'organisation que par ses propres priorités.

Ainsi, chaque acteur se situe à un niveau ou à une fonction qui l'amène à positionner différemment la formation vis-à-vis de sa propre fonction.

Tout d'abord, chaque acteur a ses propres *enjeux* où la formation peut prendre une place et avoir un intérêt par rapport à la fonction occupée. L'analyse des enjeux permet de répondre en partie à la question « à quoi sert ou me sert la formation au niveau d'où je parle ? » :

- pour le niveau politique, l'intérêt de la formation est de maintenir et de développer les compétences actuelles et à venir au sein de l'organisation ;
- pour le niveau organisationnel, c'est d'être un levier de changement et d'accompagnement des ressources humaines dans les différentes unités de travail ;
- pour le niveau opérationnel pédagogique, c'est de favoriser l'apprentissage et le transfert des acquis.

Les différents niveaux d'une organisation ont donc un certain nombre d'intérêts vis-à-vis de la formation, cette dernière pouvant être un facteur d'accompagnement pertinent dans la gestion du travail. Mais si pour chaque niveau la formation correspond a des enjeux spécifiques, pour rendre celle-ci pertinente et en correspondance avec les enjeux, ces mêmes niveaux ont à produire des éléments qui abondent la formation. Ainsi chaque fonction a des « comptes à rendre » vis-à-vis de la formation. Ces aspects sont le plus souvent à travailler par, ou avec, le responsable de formation de l'entreprise.

Ainsi, chaque niveau, ou fonction, a un certain nombre d'*objectifs à réaliser vis-à-vis de la formation*, c'est-à-dire que chaque fonction doit intervenir dans le processus de formation. L'analyse des objectifs permet de répondre à la question « que doit fournir mon niveau à la fonction formation ? » :

- pour le niveau politique, il s'agit de définir la politique de formation de l'entreprise ;
- pour le niveau organisationnel, il s'agit de développer les dispositifs de formation adéquats et d'assurer leur mise en œuvre optimale ;
- pour le niveau opérationnel pédagogique, il s'agit de réaliser le face à face pédagogique en adaptant les méthodes, les outils et les pratiques aux publics et aux contextes.

Enfin chaque acteur, en correspondance avec le niveau occupé, a ses propres attentes vis-à-vis de la formation et de la réalisation de celle-ci.

Le tableau 2.3 permet alors de dégager les attentes du système d'acteurs. Nous nous attacherons à repérer les enjeux des différentes fonctions vis-à-vis de la formation, les objectifs de production vis-à-vis de la formation et les principales attentes des acteurs dans une organisation.

Le travail sur les acteurs, leur position et leur stratégie amène à repérer plusieurs niveaux de relations entre les acteurs, et par là même, plusieurs types de « contrat ».

Les contrats en formation

Toute formation met en œuvre trois acteurs structurels : l'entreprise, l'organisme de formation et la personne en formation.

Dans la relation qui s'instaure, chaque structure ou acteur institutionnel est amené à se trouver dans des positions différentes ou à se situer dans des personnes différentes.

La personne en formation est un stagiaire dans sa relation avec le formateur, et un salarié dans sa relation avec la hiérarchie. C'est bien la même personne dans deux positions différentes qui l'amèneront à avoir aussi des postures différentes.

L'entreprise dans sa relation avec l'organisme de formation, mettra en jeu son responsable formation, ressources humaines, responsable achat ou la direction elle-même selon l'enjeu de la formation, la taille et la structuration de l'entreprise. Sa relation avec le salarié s'effectue par la hiérarchie.

Tableau 2.3 – Enjeux et attentes des acteurs vis-à-vis de la formation

Niveau ou fonction	Enjeux de la formation dans la fonction	Objectifs de la fonction vis-à-vis de la formation	Acteurs	Attentes vis-à-vis de la formation
Ingénierie des politiques	Maintenir, renforcer et développer les compétences actuelles et à venir	Définir la politique de formation de l'entreprise	Direction générale DRH	Intégration et cohérence du système culturel et organisationnel de l'entreprise Retour de l'investissement
Ingénierie de formation	Être un levier de changement et un outil d'accompagnement de la fonction ressources humaines	Développer les dispositifs de formation Assurer leur mise en œuvre optimale et leur évaluation	Responsable de formation	Adéquation moyens/objectifs/besoins Rencontre et régulation avec les partenaires internes et externes Innovations Reconnaissance institutionnelle du professionnalisme
			Hiérarchique	Développer et anticiper les savoirs et compétences nécessaires à l'emploi Prise en compte des réalités professionnelles Concertation
Ingénierie pédagogique	Favoriser l'apprentissage et le transfert des acquis en situation	Réaliser le face-à-face pédagogique Adapter les outils et méthodes pédagogiques	Formateur	Cohérence et autonomie pédagogique Public adapté aux objectifs et moyens
			Salarié	Développement et valorisation des compétences et des acquis Intégration dans un projet personnel et professionnel Dynamique de groupe mobilisatrice

L'organisme de formation est en contact avec l'entreprise par le biais du directeur ou du responsable commercial, et en contact avec la personne-stagiaire par le formateur.

À partir de la figure 2.1, nous pouvons rapidement visualiser les acteurs, leurs postures et leurs liens contractuels.

Figure 2.1 – Les relations contractuelles en formation

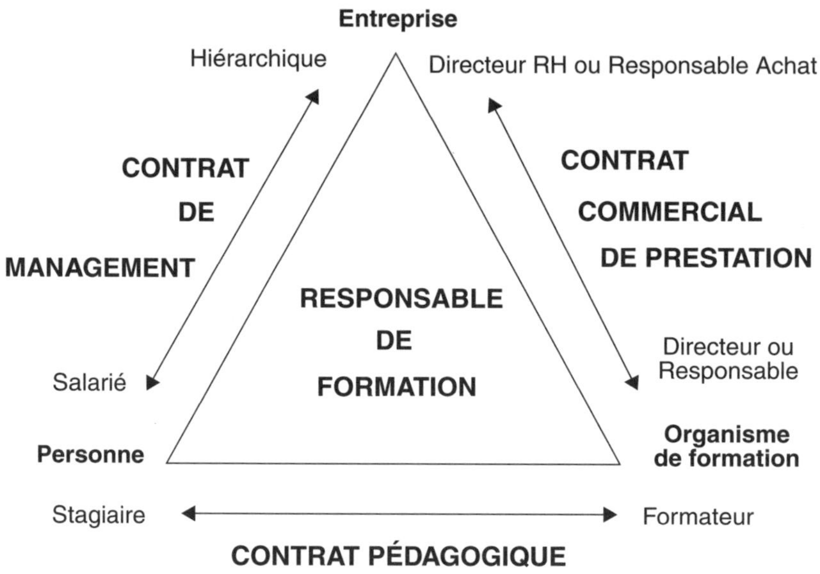

Chacune de ces relations amène des contrats de nature différente.

Le *contrat pédagogique* caractérise la relation entre le stagiaire et le formateur. Par ce « contrat », il y a clarification des objectifs, des attentes et des moyens de les atteindre. C'est une mise à plat des règles du jeu de l'apprentissage et des rôles de chacun. Ce « contrat moral » s'organise souvent en début de formation. Il permet aussi de repérer le niveau d'engagement des salariés et d'ajuster la formation. Il a une fonction de réassurance des participants et de régulation très importante. Il ne suffit pas en effet de mettre des personnes ensemble pour qu'elles aient envie de se former et d'apprendre.

Le *contrat commercial*, ou de prestation est le plus classique, puisque le plus ancien et le plus formel. Il s'agit de caractériser la relation, financière et pédagogique, de l'échange client/fournisseur.

Le *contrat de management* est sans doute le moins formel et le moins usité. Il permet d'inscrire la formation dans la logique de travail comme un continuum entre travail/formation/individu. Cette relation est rarement contractualisée même de manière orale. Elle est cependant très importante pour situer les attentes de l'entreprise vis-à-vis du salarié, mais aussi pour le salarié pour lui permettre de réexploiter les éléments acquis en formation. C'est inscrire la formation dans un jeu gagnant-gagnant.

Quant au *responsable de formation,* il se doit d'être en relation avec chacun des acteurs, de manière plus ou moins formelle, et dans un rapport de proximité plus ou moins important, en fonction de la nature des projets de formation à développer, comme nous le montre le tableau 2.4. Autrement dit, le responsable de formation est en relation avec les acteurs pour développer ses objectifs qui l'amènent à utiliser différents outils ou moyens.

Tableau 2.4 – Responsable de formation et relations contractuelles

<table>
<tr><th colspan="2">Acteurs</th><th>Objectifs</th><th>Moyens*</th></tr>
<tr><td rowspan="2">Entreprise</td><td>Direction - DRH</td><td>Développer et formaliser la politique formation</td><td>- Diagnostic formation
- Plan de formation
- Veille documentaire</td></tr>
<tr><td>Hiérarchique</td><td>Analyser les demandes et leurs transpositions en objectifs de formation
Développer la formation dans les services</td><td>- Cahier des charges de la demande
- Évaluation des formations
- Référentiels emploi, compétences</td></tr>
<tr><td rowspan="2">Organisme de formation</td><td>Direction</td><td>Mettre en œuvre une relation de confiance, administrative et pédagogique</td><td>- Cahier des charges de la formation</td></tr>
<tr><td>Formateur</td><td>Intégrer la culture d'entreprise et la dimension opérationnelle de la formation</td><td>- Programme de formation
- Référentiels formation</td></tr>
<tr><td rowspan="2">Personne</td><td>Salarié</td><td>Développer une attitude formation au sein de l'entreprise</td><td>- Recensement des demandes
- Référentiels emploi, compétences</td></tr>
<tr><td>Stagiaire</td><td>Développer une participation active en formation</td><td>- Fiche d'évaluation de formation</td></tr>
<tr><td colspan="4">* Ces différents moyens sont présentés dans les chapitres suivants.</td></tr>
</table>

Les étapes de la démarche

Comme nous l'avons vu précédemment, nous définissons l'ingénierie de formation comme une démarche socioprofessionnelle où l'ingénieur-formation a, par des méthodologies appropriées, à analyser, concevoir, réaliser et évaluer des actions, dispositifs et/ou systèmes de formation, en tenant compte de l'environnement et des acteurs professionnels. L'ingénierie de formation (niveau organisationnel) se trouve à l'interface de l'ingénierie des politiques (niveau stratégique et décisionnel) et de l'ingénierie pédagogique (niveau pédagogique).

L'ingénieur de la formation a donc à *coordonner et piloter* quatre étapes principales dans la démarche d'ingénierie dans deux grandes phases, en vue de mener une action, un dispositif ou un système de formation de manière optimale pour le développement des personnes et de l'organisation.

La démarche d'ingénierie	
Phases	**Étapes**
Investigations	Analyser
	Concevoir
Mise en œuvre	Réaliser
	Évaluer

Examinons chacune de ces étapes.

➤ Analyser

Cette étape est primordiale, et différencie notamment la démarche d'ingénierie d'une démarche seulement basée sur l'offre de formation et la déclinaison de l'action. Le passage par cette étape est une condition essentielle de la réussite de la démarche. Il s'agit de l'analyse de la demande et de son contexte. C'est une compréhension fine de l'environnement, du cadre socioprofessionnel dans lequel on se situe, et des enjeux ou objectifs des commanditaires. Nous pouvons rappeler ici que les besoins de formation n'existent pas en soi. Ils sont constitués par l'écart existant entre un profil professionnel requis, ou souhaité, et un profit réel.

Le premier temps est pour le responsable de formation, ou le consultant en formation, de formaliser la demande ; de la faire passer d'une expression floue et désordonnée à un objectif opérationalisable. Ce manque de clarté et de précision n'indique absolument pas un niveau d'incompétence de la part des dirigeants dans la formulation de leur demande, mais est bien la représentation de la complexité des situations et des entreprises et de la difficulté à cerner l'objet du travail. L'analyse doit rechercher à être la plus complète possible dans une approche systémique.

L'analyse s'appuie sur un ensemble de questionnements et de confrontations – vérifications qui permettent, comme pour toute intervention de conseil, de circonscrire l'objet et les moyens d'y répondre.

On s'attachera donc à comprendre l'organisation, son fonctionnement, les acteurs et leurs enjeux, les objectifs déclinés, voire les objectifs sous-jacents ou cachés. On tâchera aussi de repérer le climat social, le mode de management et le système de gestion des ressources humaines. Ce questionnement à l'égard de l'organisation et du contexte nous permet de prolonger notre investigation sur les conditions de travail et les relations sociales.

Bien évidemment, l'analyse de l'environnement est toujours nécessaire mais doit aussi être adaptée et dimensionnée aux contraintes. En effet, il ne paraît pas cohérent de réaliser une analyse de plusieurs jours si l'intervention envisagée ou programmée n'est que de deux ou trois jours. Ce temps d'analyse représente un coût et une charge de travail importante. Bernard Masingue[1], du cabinet Interface, lors du travail mené pour le Contrat d'Études Prospectives, pose bien les questions de « qui va payer ? et qui va la faire (l'ingénierie) ? ».

Suite à l'analyse et à son diagnostic, l'ingénieur-formation est alors en mesure de définir les objectifs opératoires attendus et de les formuler en termes de résultats attendus. Un avant-projet se dessine alors.

On trouvera notamment dans ces avant-projets :

- l'identification du contexte ;
- les grandes orientations du projet ;
- la présentation des différentes étapes et leur planification ;

1. MASINGUE B., *Inffo Flash*, Centre Inffo, n°479, juillet 1997.

– la logique d'organisation ;
– la définition des moyens humains, techniques, matériels et financiers.

Ces éléments serviront d'ailleurs à l'évaluation en cours et en fin de formation en utilisant un cahier des charges de l'action. Cette étape sera développée, dans le prochain chapitre, au travers de l'analyse de la politique formation et du diagnostic de formation, les besoins en formation et l'offre de formation.

La deuxième étape peut alors être mise en œuvre.

➤ Concevoir

Cette étape de conception doit permettre d'imaginer des dispositifs innovants, de créer des actions spécifiques et adaptées à l'environnement étudié précédemment. Cette étape, et les différents éléments de réflexion et de construction, est négociée avec le commanditaire par le biais d'avant-projets.

Il s'agit pour l'ingénieur de formation d'expérimenter, d'imaginer des dispositifs innovants ou spécifiques, de proposer des réponses adaptées, de formuler les objectifs, d'expérimenter, d'accompagner les décisions, de planifier et coordonner le projet.

Ces négociations, et échanges instrumentés, rendent possible l'ajustement du projet au plus près des objectifs et de la réalité sociale de l'organisation. L'ingénieur-formation fournira un projet d'action, finalisé à partir du ou des avant-projets rédigés et discutés. Cette étape de conception et de formalisation du projet permet ainsi d'aboutir au projet final qui sera mis en œuvre.

Le projet comprendra :

– les objectifs généraux et opérationnels ;
– les acteurs concernés par le projet ;
– l'organisation générale de l'action ou du dispositif ;
– le calendrier et délais de réalisation ;
– les moyens disponibles et nécessaires à mettre en œuvre ;
– les résultats attendus (quantitatifs et qualitatifs) ;
– le dispositif d'évaluation aux différentes étapes avec les critères et les modalités ;
– l'évaluation finale.

La dimension conception sera vue au travers des référentiels, du cahier des charges et de la contractualisation en formation.

➤ Réaliser

Durant cette étape, le responsable de l'ingénierie de la formation devra assurer trois grandes activités : l'animation, le pilotage et la communication.

L'ingénieur de formation assurera en effet *l'animation du dispositif* par un ensemble de fonctions :

- la mise en œuvre des partenariats ;
- le recrutement, la mobilisation et l'animation d'une équipe pluridisciplinaire ;
- la coordination des différentes parties du projet.

Il assurera aussi *le pilotage du projet* par la gestion, le contrôle et la régulation de celui-ci, notamment par :

- l'ajustement régulier des moyens aux buts ;
- la logistique matérielle et humaine ;
- l'optimisation de méthodes de travail et l'enchaînement des actions ;
- la création et l'utilisation de tableaux de bord ;
- le suivi et l'évaluation pédagogique, organisationnel et financier.

Enfin, la fonction *communication* a un rôle important dans la réalisation du projet. L'ingénierie ne doit pas être considérée comme une mise en œuvre technocratique et déshumanisée de décisions dirigistes. Les participants ne sont pas de simples objets d'une planification fonctionnaliste, mais les acteurs, partis prenants, du projet.

Il est souvent intéressant, voire nécessaire, de mettre en place un comité de pilotage, ou groupe de suivi. Le responsable en est alors souvent le conseiller technique. Par ce groupe et son travail personnel, le responsable de l'ingénierie de formation, organisera la circulation de l'information. La mise en place d'un tel groupe n'a de sens que pour des projets à moyen ou long terme, d'un certain volume ou qui revêt un caractère stratégique important.

L'étape réalisation sera vue au travers du plan de formation, de la veille documentaire et des tableaux de bord.

Cet ensemble d'activités amènera à l'évaluation.

➤ Évaluer

Comme nous l'avons vu précédemment, l'étape « évaluation » n'est apparue que récemment en tant que telle dans l'ingénierie de la formation. Cela ne veut bien évidemment pas dire qu'auparavant, il n'y avait aucune évaluation, mais celle-ci était le plus souvent peu existante ou déconnectée du projet.

L'évaluation peut se trouver pendant l'action dans le cadre d'une évaluation-régulation, c'est l'évaluation en formation ; et en fin d'action pour l'évaluation-contrôle, c'est l'évaluation de la formation.

De même, l'évaluation peut être tournée vers les personnes, le groupe, les objectifs ou vers le dispositif. L'évaluation peut être qualitative et/ou quantitative.

L'évaluation permet la comparaison, ou la confrontation entre les résultats attendus ou prévus et ceux effectivement atteints, en cours ou en fin de formation. Cette analyse des écarts constatés profite à la fois à l'entreprise et au responsable de la formation :

- l'entreprise peut apporter les ajustements nécessaires, en cours de formation, et les améliorations à moyen ou long terme dans la reconduction des formations ;
- le responsable de formation analyse et capitalise les données et son expérience renforçant par là même son professionnalisme et ses compétences.

Cette étape portera sur l'évaluation de la formation.

Les outils de l'ingénierie

Le responsable de formation en entreprise, comme le consultant externe, n'est pas sans ressources et a à sa disposition bon nombre d'outils. Par « outils », il faut entendre les moyens, documents, supports de tous types (informatiques, papiers, communicationnels) et les matériels. Si certains « outils » paraissent par trop évidents ou simples d'abord, ils n'en sont pas moins efficaces et pertinents.

Le tableau de synthèse que nous vous proposons (tableau 2.5) a été élaboré à partir de rencontres et travaux réalisés avec les responsables de formation de différentes entreprises ou institutions. La liste n'est pas exhaustive et doit être adaptée à chaque organisation et/ou situation de formation.

Ainsi, en reprenant la trame des tableaux précédents, avec les niveaux et les acteurs, nous pouvons situer les principaux outils, non seulement de l'ingénierie de formation, mais aussi ceux qui concourent à la démarche d'ingénierie.

Tableau 2.5 – Les « outils » en ingénierie de la formation

Fonction (ou niveau)	Acteurs	« Outils »
Politique	Direction générale DRH	– Projet d'entreprise, d'établissement, de direction – Bilan social et tableaux de bord – Politique et objectifs de formation – Budgets prévisionnels – Réunions de cadres, de concertation – Plan prévisionnel de carrières – Procédure d'achat – Organigramme
Organisationnelle	Responsable formation	– Veille réglementaire – Tableaux de bord de suivi de la formation – Budgets – Fichiers et catalogues des organismes de formation et des formateurs – Réseaux inter-institutionnels et professionnels – Plan de formation – Conventions et contrats de formation – Planification des inscriptions
	Hiérarchique	– Projet de service – Évaluation et retour en emploi – Visite et entretiens dans les services – Fiche de recensement de formation – Autorisation d'absence
Opérationnelle ou pédagogique	Formateur	– Évaluation des formations – Programme et contenu de formation – Fiche de présence
	Salarié	– Fiche de demande de formation – Fiche d'évaluation individuelle – Rencontres de groupe et entretiens

CHAPITRE 3

Les pièges et risques de l'ingénierie

DÉVELOPPER une démarche d'ingénierie de la formation renvoie à un ensemble de connaissances, de moyens humains et méthodologiques et de compétences. Cependant, comme nous l'avons vu au départ, l'approche de l'ingénierie n'est pas forcement reconnue par tous et elle peut même être décriée, voire vilipendée. L'intérêt de cette démarche, encore jeune dans le domaine de la formation, doit donc, pour certains acteurs ou auteurs, être démontré. L'ingénieur de la formation est donc à la fois un professionnel mais il porte aussi, d'une certaine manière, la responsabilité de la diffusion de la démarche de l'ingénierie de la formation.

Ainsi l'ingénieur-formation n'est-il pas à l'abri de tomber dans quelques pièges et risques « d'hyper-ingénierie ».

Les pièges d'une logomachie

S'il est important, comme nous l'avons vu au début de cette partie, que les professionnels élaborent leur langage, même en incorporant des termes issus d'autres domaines ou disciplines, il ne faut pas tomber dans l'excès inverse où les mots perdraient leur sens.

Sur ce point, nous rejoignons Jean-Pierre Le Goff[1] lorsqu'il écrit : « Combattre la barbarie douce commence par le refus individuel d'entrer dans cette logomachie qui destructure les significations. Dans la vie professionnelle comme dans la vie politique, il s'agit de ne plus accepter sans réagir les discours qui dissolvent les réalités et les contradictions dans un verbiage tournoyant, le jargon faussement savant qui masque l'inconsistance du propos. Dans les réunions interminables où sévissent les rhéteurs du modernisme, il faut prendre la parole pour dire (si possible avec humour) qu'on ne comprend rien et poser simplement la question : Que signifient au juste ces circonvolutions ? Quel est l'objet précis du propos ? »

Et cet auteur d'ajouter : « De tels "actes de rupture" n'ont de sens que s'ils "s'accompagnent de l'exigence de ne pas tricher avec les mots" et de "serrer le langage" en s'efforçant de nommer correctement les choses et en mettant en cohérence ses paroles et ses actes. Ce qui, là aussi, n'a rien de naturel dans une société où les clichés et les "petites phrases abondent", les paroles engagent de moins en moins ceux qui les prononcent. Mais cette exigence d'ordre éthique peut contribuer à redonner confiance dans le langage et dans l'action. Au sein des entreprises, des administrations, de l'école..., de tels actes individuels et collectifs peuvent se développer, et par là même redonner sens au dialogue si mielleusement invoqué alors qu'il est inséparable de la confrontation. »

Ainsi, pour faire savant, un « pseudo ingénieur-formation », poussé par son contexte professionnel, par l'ambition de « briller » ou plus sûrement par manque de recul théorique, pourrait être amené à présenter ses actions, orientations ou projets de manière confuse et « jargonnée ».

Nous ne pouvons pas résister au plaisir de proposer cette grille de lecture « savante » (tableau 3.1) sans rappeler pour autant de ne pas l'utiliser.

1. LE GOFF J.-P., *La barbarie douce, La modernisation aveugle des entreprises et de l'école*, Paris, La Découverte, 1999, p. 114.

Tableau 3.1 – Le piège de la logomachie en ingénierie de la formation

	I	II	III	IV
A	Pour être concret	la mise en œuvre d'une gestion prévisionnelle des emplois	nous conduit à envisager	une approche systémique de l'organisation
B	En synergie avec les initiatives complémentaires	la nécessité de rapprochements interpartenariaux	nous amène à prendre en compte	un vaste maillage des acteurs
C	Pour parler clair	le renforcement des capacités de nos salariés	devrait nous inciter à promouvoir	des procédures incontestables d'évaluation
D	Dans une logique de concentration renforcée des moyens d'actions	l'adaptation de nos collaborateurs à leurs nouvelles missions	ne peut que nous amener à développer	des démarches parallèles et convergentes
E	Dans un contexte en devenir permanent	le défi d'un environnement en mutation	peut nous permettre d'instaurer	la pratique déconcentrée d'entretiens individuels annuels
F	Dans une perspective de lutte pour l'emploi	notre préoccupation permanente de concertation	sera un élément déterminant pour choisir	l'anticipation de compétences en émergence
G	Compte tenu des éléments d'appréciation dont nous disposons aujourd'hui	la recherche d'un effet démultiplicateur	nous amène à adopter dans les meilleurs délais	un véritable système de reconnaissance de nos qualifications
H	Au-delà du dynamisme propre de notre action	notre souci de cohérence stratégique	constitue un critère majeur pour apprécier	la consolidation irréversible de notre culture d'entreprise

Élaborez toutes les combinaisons possibles en passant d'une colonne à l'autre.

Exemple : « Pour être concret/la nécessité de rapprochements interpartenariaux/devrait nous amener à prendre en compte/des démarches parallèles et convergentes ».

À continuer ainsi indéfiniment mais *à ne pas suivre !*

Les risques de l'ingénierie

Au-delà de ce que nous venons de voir, nous pouvons, avec Yvon Minvielle[1], dégager trois grands risques principaux :

– la confusion des niveaux, des moments, de la position des acteurs ;

– l'hyper-technologisation ;

– l'hyper-rationalisation.

La confusion des niveaux, des moments, de la position des acteurs

➤ La confusion des niveaux

Yvon Minvielle nous rappelle le risque de confusion des niveaux de l'ingénierie : « L'ingénierie de formation n'est pas Une. Elle est plurielle, elle se pense et se développe dans des ensembles de pratiques que l'on peut considérer comme homogènes et qui appellent chacun à leur manière une ingénierie spécifique. (...) Ces trois niveaux correspondent à des sous-ensembles de pratiques. (...) On distingue l'ingénierie des politiques et stratégie de formation, l'ingénierie des systèmes et plans de formation, l'ingénierie des pratiques pédagogiques. »

Le risque ici est de prendre un niveau pour l'autre ou de croire que si la structuration d'un niveau est effectuée, les autres niveaux suivront d'eux-mêmes. Il y a bien différenciation des genres, des actions et des rôles de chacun des niveaux.

➤ La confusion des moments et des séquences

L'ingénierie de formation, dans la logique de projet, permet effectivement de repérer le rythme de tout processus d'action avec un avant, un pendant et un après. Là encore, le risque vient du fait que ces différents temps ne soient pas ou mal repérés, ou amalgamés. Le risque vient aussi d'un regard trop simpliste sur l'action, et penser que la planification et le découpage de l'action suffisent à rendre cette action « simple » et réalisable par tous, sans mesurer qualitativement les différents éléments qui sont en jeu dans chaque étape, moment ou séquence.

1. MINVIELLE Y., *L'Hebdo – Emploi et Formation*, 1993, n°115.

La segmentation temporelle, propre à chaque projet, est nécessaire mais pas suffisante. Elle doit être accompagnée et pilotée. Et Yvon Minvielle de rappeler : « La gestion de projet, avec ses outils et ses démarches a progressivement apporté à l'ingénieur de formation un ensemble d'appuis et d'étais lui permettant une meilleure maîtrise du processus d'action. Mais cette planification est quelque peu simpliste. Elle ne permet pas de dire que qualitativement, ces moments ou ces séquences d'action ont des identités différentes. »

➤ La confusion entre les différentes positions d'opérateurs

Mettre en œuvre une démarche d'ingénierie nécessite de bien repérer les acteurs et les opérateurs ayant en charge les différents niveaux. Là encore, nous rejoignons Yvon Minvielle lorsqu'il écrit : « La non spécification de la position des opérateurs engagés dans le processus d'ingénierie pourrait laisser à penser que celui-ci n'est qu'un appareillage technique livré à lui-même ou bien pensé et conduit par des opérateurs complètement neutralisés, non travaillés par des intérêts sociaux et présentant des compétences identiques ».

Il ne doit pas y avoir confusion entre les rôles de maître d'ouvrage, maître d'œuvre, fournisseurs ou prestataires. De même, les opérateurs en tant qu'acteurs ont chacun leur vision de leur rôle dans l'ingénierie. Il convient donc de cadrer et positionner ces rôles avant et pendant l'action.

Les risques d'une hyper-technologisation

Si l'ingénierie de formation amène le responsable à être dans une posture d'ingénieur, il ne doit pas pour autant entrer dans une logique « techniciste » et réductrice de la formation, le risque étant de construire uniquement un ensemble de procédures avec une hypertrophie des technologies pédagogiques et l'abus des d'outils de planification et de gestion. Par technologies pédagogiques, nous entendons l'utilisation de produits ou systèmes informatiques de gestion, de planification de projet et l'ensemble des moyens multimédia. Tous ces moyens peuvent être d'excellents supports, mais ne doivent pas prendre le dessus sur l'activité formation en elle-même. Ainsi, il ne doit pas y avoir abus de technologie pédagogique.

Même s'il est important de montrer ce que l'on fait et de valoriser la conduite d'un projet notamment par sa structuration, travailler en formation c'est aussi et surtout travailler sur de l'information, de tout type, et avec des personnes en changement. Le risque ici est de vouloir tout modéliser et formaliser et de tout « rentrer » en procédures. Il y a risque d'abus de procédures, tout d'abord en enfermant l'action dans une réponse type qui, du coup, devient identique, et de vouloir reproduire, unilatéralement, les procédures connues et identifiées. « Le risque est de voir ces procédures et démarches qui ne sont que des algorithmes provisoirement fabriqués répondant à une situation donnée, devenir des normes, des règles et des principes d'action. Ainsi, ce qui a été pensé dans le singulier, dans l'occasionnel et le spécifique va prétendre à l'universel »[1].

Si les moyens modernes de traitement de l'information et de représentation de celle-ci sont intéressants et font de plus en plus partie de la mise en œuvre de la formation au niveau pédagogique, en ayant été pensé et intégré au niveau organisationnel, le risque est de voir une inversion du processus d'ingénierie. Cette inversion pousserait au fait que ce n'est plus la réflexion et l'action qui amènent à employer des nouvelles technologies de l'information et de la communication, mais leur existence et leur utilisation « obligatoire » et forcenée qui guident l'ingénierie. Le risque est donc tout à la fois que ce soient les outils qui construisent l'action et que leur utilisation soit plus ou moins intégrée à l'action. L'ingénierie de formation n'est donc pas la « mise bout à bout » de séquences « pédagogico-technologiques ». C'est bien l'ingénierie de formation, et surtout l'ingénierie pédagogique, qui doit intégrer le multimédia et ses composantes, et non l'inverse.

L'hyper-rationalisation

Un autre risque est l'abus d'outils de planification et de gestion.

Si l'ingénierie de formation s'appuie grandement sur la gestion de projet, et donc sur des moyens de planification, de structuration, il n'est pas inutile de rappeler, avec Yvon Minvielle, que « l'action de formation est avant tout une action humaine ». Si l'ingénierie permet effective-

1. MINVIELLE Y., *L'Hebdo – Emploi et Formation*, 1993, n°115.

ment de préparer l'action, elle ne peut pas tout prévoir et elle ne doit pas nous faire oublier « l'humanité particulière du chantier de formation ». La formation doit pouvoir aussi se saisir des opportunités, des événements, des apports des participants, c'est-à-dire des situations apprenantes autres que celles explicitement préparées. L'ingénierie est un moyen, non une raison en soi, elle doit permettre de se dégager du quotidien par la préparation et l'organisation, pour pouvoir travailler avec le quotidien.

Organiser, structurer, planifier, gérer, permet en effet de rationaliser l'action et l'activité de formation, mais peut aussi avoir pour risque une hyper-rationalisation qui enfermerait l'humain dans une simplification à outrance où la complexité humaine pourrait être oubliée, voire niée.

Ainsi la formation est un système, et sans tomber dans l'excès inverse qui serait de ne rien préparer et de se laisser guider par le mouvement (de foule, du groupe, de mode...), nous rejoignons Yvon Minvielle lorsqu'il dit qu'« il ne peut y avoir de système de formation complètement bouclé. Il ne peut y avoir de dispositifs de formation qu'ouverts, c'est-à-dire acceptant et intégrant les mouvements de l'environnement, se laissant féconder et porter par ce qui entre par les parois du système ».

En définitive, l'ingénierie n'est pas à l'abri d'un certain nombre de dérives :

– dérive de l'idéalisation de l'ingénierie comme moyen miracle et réglant tous les problèmes ;
– dérive de la rationalisation conservatrice, où tout étant « bouclé », tout devient « bloqué » ;
– dérive de la rationalisation et de la « technologisation », tout n'est qu'instrument ;
– dérive de l'uniformisation des savoirs, du plaquage de la formation standardisée pour tous.

Conclusion de la partie 1

CETTE PREMIÈRE PARTIE nous a permis de cadrer le terme d'ingénierie. Nous l'entendons donc principalement comme une « démarche à quatre temps » : analyser, concevoir, réaliser, évaluer. Cette démarche renvoie à différentes pratiques, domaines et méthodologies dont nous explorerons les principales composantes pour chacune des étapes.

François Viallet[1], dans un des ouvrages précurseurs sur l'ingénierie de la formation, présente quatre catégories d'intervention de l'ingénierie de formation :

- *Première catégorie : La création d'une école ou d'un système « tout entier » pour un pays ou une branche professionnelle.* Il s'agit de former de nouveaux professionnels liés à un nouveau contexte socio-économique.
- Deuxième catégorie : La formation continue, c'est pour François Viallet[2] « imaginer la formule de formation qui, dans les meilleurs délais et dans des conditions de sécurité optimales, le coût de l'opération restant en proportion de l'enjeu à atteindre, va permettre de rendre un groupe d'hommes et de femmes, attachés à un travail,

1. VIALLET F., *L'ingénierie de la formation*, Paris, Éditions d'Organisation, 1987.
2. *Op. cit.*, p.15.

capables de la réaliser dans les meilleures conditions possibles, ou capables de résoudre les difficultés que ce travail occasionne (nouvelle technicité à acquérir, nouvelles formes d'organisation du travail, système de rémunération…) ».

- Troisième catégorie : *Réhabiliter une pratique de formation*, il s'agit de questionner les pratiques de formation et d'adapter celles-ci à son environnement et aux évolutions de l'entreprise. C'est donc un travail de remobilisation ou de changement.
- Quatrième catégorie : *Faire du milieu de travail un milieu éducatif*, cette idée très nouvelle et anticipatrice des années qui suivront cet ouvrage, se retrouve notamment dans le développement de l'alternance et les concepts d'organisation qualifiante ou d'entreprise apprenante.

L'ingénierie recouvre donc différents domaines et renvoie à différentes pratiques. Cependant, ces domaines et pratiques s'inscrivent dans une démarche méthodologique que l'on peut revendiquer de l'ingénierie. À la fois liée à l'innovation, au projet et à la construction méthodique d'une *action* (mise en œuvre d'une session de formation dans un cadre précis), d'un *dispositif* (ensemble d'actions coordonnées dans un objectif commun) ou d'un *système* de formation (ensemble de plusieurs dispositifs complémentaires), l'ingénierie se décline de multiples manières. Pour développer, et mettre en application, les aspects théoriques de cette première partie, nous examinerons donc les quatre temps et les principales applications.

Partie 2	ANALYSER	Politique et diagnostic de formation Les besoins en formation Analyse de l'offre de formation
Partie 3	CONCEVOIR	Référentialisation et référentiels Contractualisation et cahiers des charges
Partie 4	RÉALISER	Le plan de formation La veille documentaire Les tableaux de bord
Partie 5	ÉVALUER	Qu'est-ce qu'évaluer ? Évaluation et formation Évaluation de la formation

PARTIE 2

Analyser : une étape fondamentale de l'ingénierie de formation

L'appréciation de l'espace est fonction du terrain

L'art de la guerre (IV-17), Sun Tzu

CE QUI CARACTÉRISE l'évolution de la formation dans une démarche d'ingénierie, c'est tout d'abord l'introduction de l'étape « analyser » puis par la suite celle d' « évaluer ». La prise en compte de cette étape – analyser – est primordiale dans l'optimisation de la formation. Ainsi, il est nécessaire de savoir d'où l'on part, et donc d'identifier la demande de formation, mais aussi de connaître les objectifs et orientations générales pour pouvoir caler de manière optimale la fonction formation. Nous examinerons donc successivement la politique de formation d'une organisation, l'analyse des besoins et l'offre de formation.

Chapitre 4

Politique et diagnostic de formation

PARLER DE FORMATION dans une entreprise nécessite de questionner celle-ci dans son organisation, sa culture et ses logiques de fonctionnement et donc sur son mode de gestion des ressources humaines. La formation est bien un élément de la gestion des ressources humaines, un outil de la politique économique et sociale au service de l'organisation et de l'individu.

Gestion des Ressources Humaines et politique de formation

Les entreprises doivent faire face à un paradoxe : à la fois rationaliser et stabiliser leur système de fonctionnement, et en même temps pouvoir répondre et s'adapter en permanence aux sollicitations et contraintes liées à l'environnement socio-économique. L'entreprise navigue donc dans un système de double incertitude : externe et interne. Externe par le fait de la mondialisation et l'évolution rapide des marchés, interne par la plus ou moins grande connaissance de ses forces et faiblesses et par la réaction plus ou moins prévisible du personnel dans un climat social mouvant.

Dans ce contexte, la politique de formation est un instrument de la gestion des ressources humaines. Elle permet à cette dernière de pouvoir, en partie et dans son domaine d'action, répondre aux défis posés aux organisations. Jean-Marie Peretti[1] a identifié sept défis majeurs auxquels les entreprises sont confrontées. Chaque défi renvoie aux risques existants ou potentiels et aux savoir-faire nécessaires de la fonction Ressources Humaines.

Les mutations technologiques

Elles nécessitent une veille technologique et un suivi de l'employabilité de chacun (maintien des qualifications).

Les mutations technologiques peuvent entraîner :

– l'accroissement de la productivité et un risque de sureffectif : nécessité d'une gestion anticipatrice de l'emploi ;
– la modification des qualifications nécessaires par l'évolution des contenus d'emploi et du système de travail : évolution des métiers, des techniques et du recrutement ;
– l'utilisation importante de nouveaux équipements et l'augmentation du coût de ceux-ci qui amène une évolution de l'organisation du travail : travail posté, rotation des équipes de travail, etc.

Internationalisation et mondialisation

L'internationalisation de la concurrence et le renforcement de la recherche d'une productivité compétitive avec la lutte contre les coûts existants ou cachés : renforcement de la qualité et de la participation « imaginative » des hommes.

Les mutations économiques

L'environnement économique instable et chaotique nécessite une vigilance de tous les instants. Les variations économiques nécessitent une adaptation et un réajustement de l'organisation aux demandes des clients.

Les évolutions démographiques

Tant à l'intérieur des entreprises et organisations qu'au niveau national : baisse de la natalité, risque de manque de main d'œuvre, vieillissement de la population des entreprises (pyramide des âges).

1. PERETTI J.-M., *Ressources humaines*, Paris, Vuibert, 2000.

Les évolutions sociologiques

Évolution des valeurs et des attentes, tant individuelles que collectives des salariés, en termes de qualité de vie, d'équilibre personnel, d'évolution de carrière.

Nécessité de prendre en compte l'évolution de la société et des attentes des différents publics et populations de l'organisation (femmes, jeunes cadres, les anciens possesseurs du savoir-faire, etc.).

Le dialogue social

Le déclin syndical, le développement du management participatif et le risque de « mouvements spontanés » amènent à développer le dialogue social et la négociation. Ce dialogue passe par la compétence des partenaires sociaux, la crédibilité et la légitimité de ceux-ci.

Les défis réglementaires

Les évolutions réglementaires permanentes, en France et en adéquation avec les directives ou orientations européennes : donc veille réglementaire.

La finalité même de la gestion des ressources humaines, nous rappelle Alain Meignant[1], est de « disposer à temps, en effectifs suffisants, et en permanence, des personnes compétentes et motivées pour effectuer le travail nécessaire, en les mettant en situation de valoriser leurs talents avec un niveau élevé de performance et de qualité, à un coût salarial compatible avec les objectifs économiques, et dans le climat social le plus favorable possible ».

La gestion des ressources humaines apparaît comme un équilibre impossible entre les aspects quantitatifs de la gestion du personnel et la dimension qualitative de la gestion des compétences. C'est dans cette recherche d'équilibre que l'ingénierie de formation prend toute sa place et son intérêt. L'ingénierie de formation, en effet, n'intervient pas seulement pour « monter des stages », mais sur l'ensemble du processus d'apprentissage des salariés et de l'organisation. L'ingénierie de formation est bien au cœur de la relation emploi/salarié/organisation. Elle est intégrée aux différentes méthodologies utilisées par la gestion des ressources humaines.

1. MEIGNANT A., *Manager la formation*, Paris, Éditions Liaisons, 1991.

La gestion des ressources humaines est en fait une notion globale qui renvoie à une double contrainte : entre le quantitatif et le qualitatif ; entre l'actuel et le futur. Ces différentes contraintes renvoient à quatre domaines complémentaires et imbriqués de la gestion des ressources humaines où la politique de formation prend toute sa dimension. La gestion des ressources humaines regroupe donc :

– *La gestion prévisionnelle des effectifs* : c'est la dimension quantitative de l'emploi et de ses évolutions avec la prise en compte des aspects sociodémographiques et la répartition par grandes catégories professionnelles.

– *La gestion prévisionnelle des compétences* : c'est la dimension qualitative du travail et sa mise en œuvre effective dans l'emploi, la compétence se trouvant à la croisée de l'individu, de l'organisation du travail, de la technique et du contexte professionnel.

– *La gestion prévisionnelle des emplois et des métiers*, c'est-à-dire l'évolution des métiers de l'entreprise et de sa demande de travail. L'évolution de l'offre d'emplois s'effectue en fonction des besoins de l'entreprise, eux-mêmes déterminés par le marché, les déterminants socio-économiques, les changements techniques et les choix stratégiques ou de fonctionnement.

– *La gestion prévisionnelle des carrières*, c'est la définition et la planification de trajectoires professionnelles pour des salariés ou des groupes de salariés identifiés. Ces évolutions étant elles-mêmes guidées par les changements socio-organisationnels et par la stratégie vis-à-vis des recrutements et de la progression des salariés.

L'ensemble de ces dimensions de la gestion des ressources humaines utilise différents outils et moyens spécifiques, comme le recrutement, la mobilité interne ou externe, le fonctionnement organisationnel, la classification et/ou le dialogue social mais aussi la formation avec ses propres moyens et outils, comme les référentiels, les parcours de professionnalisation ou l'entretien d'orientation.

Chacun des domaines de la gestion des ressources humaines peut en effet s'appuyer sur des aspects de l'ingénierie de formation. Il y a ainsi une correspondance directe, voire une filiation, entre gestion des ressources humaines, politique de formation et plan de formation. L'ingénierie de formation étant ici le support et l'instrument de la politique de formation de l'organisation.

Le tableau 4.1 nous indique ainsi les correspondances existantes entre GRH et ingénierie de formation intégrée à une politique de formation.

Tableau 4.1 – Politique Ressources Humaines et formation : les interactions entre gestion des ressources humaines et ingénierie de formation

Gestion des ressources humaines	Ingénierie de formation
⇩	⇩
Gestion prévisionnelle des effectifs Prise en compte de la dimension démographique : entrées, sorties, aspects collectifs de l'évolution des effectifs	Référentiel d'emploi Parcours d'intégration ou de socialisation Formation de publics cibles
Gestion prévisionnelle des compétences Aspect qualitatif du travail, de l'évolution des capacités individuelles ou collectives	Actions de formation : perfectionnement, adaptation, techniques Référentiel de formation
Gestion prévisionnelle de l'emploi et des métiers Évolution de la demande de travail par l'entreprise liée aux déterminants socio-économiques	Analyse du travail Référentiel d'emploi
Gestion prévisionnelle des carrières Définition et planification de trajectoires professionnelles pour les salariés ou des publics cibles	Parcours de professionnalisation Référentiel d'emploi

La place du plan de formation

Le plan de formation est une des traductions opérationnelles de la gestion des ressources humaines. Il n'est ni indépendant ni unique. C'est bien l'analyse de la situation de l'emploi en lien avec le contexte interne et l'environnement externe, actuels et futurs en terme d'écarts, qui justifie la mise en œuvre d'une politique de formation.

Le plan s'appuie en effet sur l'analyse des écarts entre la situation actuelle de l'emploi, avec ses composantes quantitatives (en terme d'effectifs et de types d'emplois) et qualitatives (en terme de compétences) et la situation dans l'avenir (à moyen et long terme) tant en nombre d'emplois qu'en contenu d'emploi. Ce sont bien les différentiels repérés qui donnent à la formation son intérêt et ses orientations. La formation a alors en charge de combler les manques, d'accompagner les changements, d'anticiper les évolutions et de donner à l'organisation une culture formation. Cette dernière apparaît comme le meilleur moyen de préparer l'avenir tant pour l'entreprise, l'encadrement, les salariés que pour chaque personne considérée individuellement.

La figure 4.1 de la gestion des ressources humaines donne une vision d'ensemble où il apparaît nettement que la formation est déterminée par les diagnostics d'écarts et qu'elle intervient en complémentarité et en symbiose avec d'autres actions que sont le recrutement, la mobilité, l'organisation et l'aménagement du temps de travail.

Ces actions nécessitent, et s'appuient, sur des moyens d'accompagnement comme la communication, les outils d'orientation, le système de classification et le dialogue social.

N'utiliser la formation que comme un ensemble d'actions disparates, déconnectées tant de la réalité de l'entreprise que de celle des salariés, est donc éminemment réducteur et limité.

Les pièges du plan de formation

Cependant, mettre en œuvre le plan de formation sans discernement n'est pas sans un certain nombre de pièges que nous rappelle Annick Saint Sauveur[1] :

- conditionnement scolaire, reproduire le système de formation initiale (cours magistral, discipline...) ;
- recueillir des besoins stéréotypés : cours de langue, informatique, communication ;
- faire du catalogue : on achète un stage comme un produit de consommation ;
- savoir ce dont « ils » ont besoin *a priori* ;

1. SAINT SAUVEUR A., *Le plan de formation dans les PME-PMI*, Paris, Éditions d'Organisation, 1990.

Figure 4.1 – Gestion des ressources humaines et gestion prévisionnelle des emplois et des compétences (GPEC)

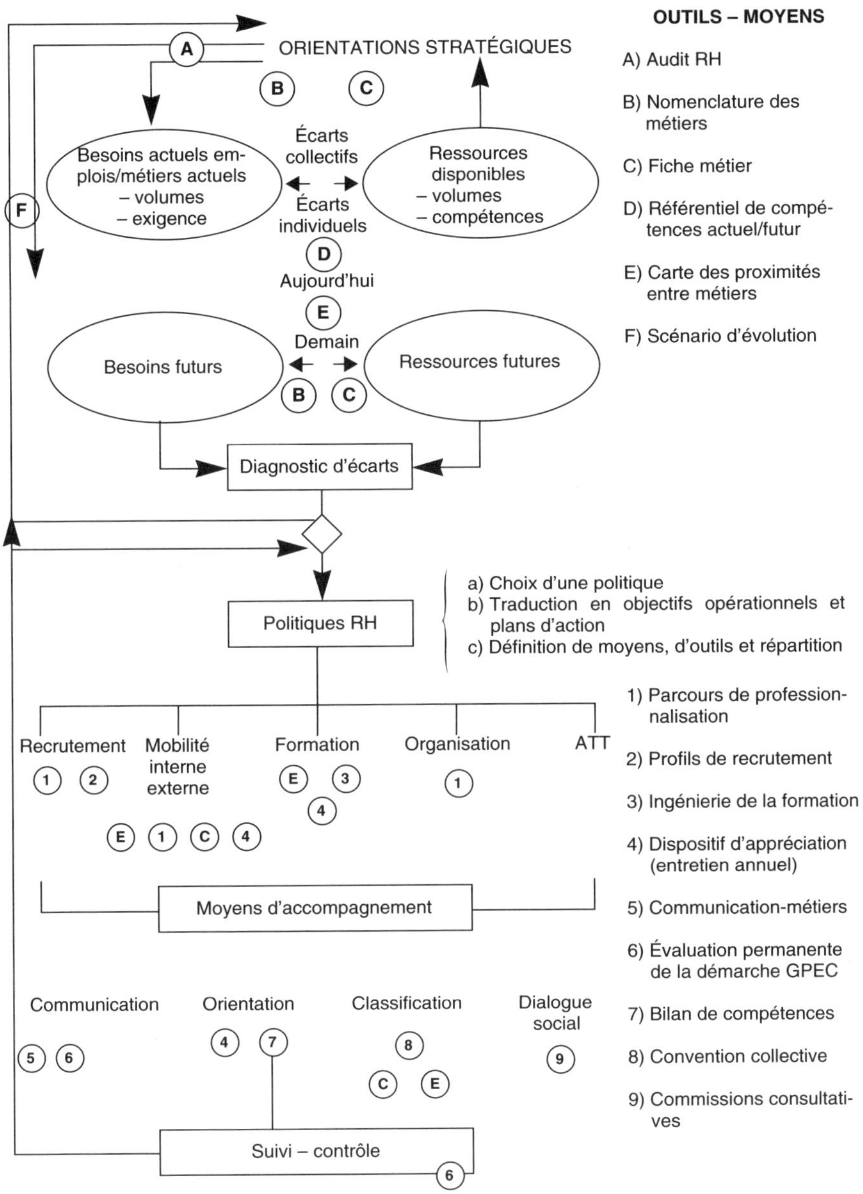

ATT : Aménagement du temps de travail
GPEC : Gestion Prévisionnelle des Emplois et des Compétences

– prendre les souhaits émis pour argent comptant (sans rechercher quel est l'objectif, le contexte) ;
– susciter des espérances sans lendemain, en particulier en terme de promotion ;
– bâtir son plan « en chambre » à partir des catalogues précédents ;
– reproduire le plan de l'année précédente ;
– partir de l'obligation légale pour bâtir le plan et s'arrêter dès qu'on a atteint le taux légal ;
– rédiger un plan irréaliste, trop ambitieux et donc incontrôlable ;
– présenter la formation comme une récompense pour les meilleurs ;
– présenter la formation comme une sanction pour les moins performants ;
– vouloir « faire plaisir » aux demandeurs de stage ;
– séparer la formation au profit de l'entreprise et la formation au profit des salariés.

Cet ensemble de pièges nous laisse apercevoir les tensions qui existent lors du montage d'un plan de formation. Le responsable de formation doit ainsi composer avec les acteurs et réaliser une combinaison des « besoins » de chacun. La marge de manœuvre n'est donc pas évidente et nécessite un réel savoir-faire.

Une double démarche

L'énumération précédente montre aussi, et c'est ce que nous étudierons dans ce chapitre, que le plan de formation est la traduction de la politique de la direction et de la situation des personnels dans une double démarche :

– la démarche descendante ;
– la démarche ascendante.

L'élaboration du plan de formation est itérative et doit tenir compte de cette double démarche. Il doit permettre un ajustement de ces deux tensions (tableau 4.2).

Tableau 4.2 – Le plan de formation au cœur d'une double démarche

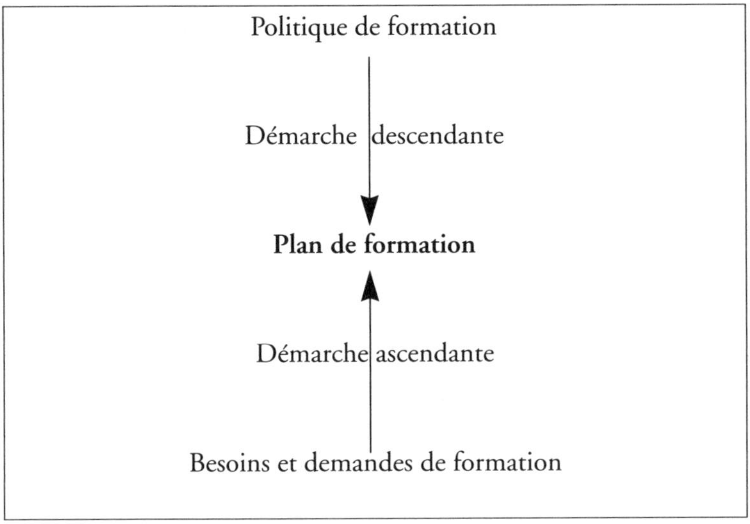

La *démarche descendante* : l'ingénieur formation, responsable de formation en entreprise, tire de la politique générale les implications en terme de formation. Le plan de formation décline alors les volontés de la direction et la définition des axes prioritaires de politique que la formation peut accompagner.

La politique de formation est, par définition, un moyen de réaliser les orientations prises par la direction dans la gestion de l'entreprise ou de l'institution. Cette politique, par un travail d'étude préalable, s'appuie sur un certain nombre d'éléments et de critères que nous développons ci-après.

La *démarche ascendante* tient compte des besoins exprimés par les personnels, l'encadrement et les partenaires sociaux. Il ne s'agit pas d'un simple recueil d'opinions des « besoins » exprimés, mais de la combinaison et de la mutualisation de plusieurs sources :

– le recueil des attentes et/ou demandes des différentes catégories de personnel ;
– le recueil des besoins exprimés par la hiérarchie ;
– la prise en compte de « l'expression » des partenaires sociaux ;
– l'analyse effectuée par le service formation ;
– l'analyse des dysfonctionnements.

La politique de formation

Le plan de formation s'inscrit dans une double démarche : c'est à la fois la traduction des orientations de la direction et de la stratégie de l'entreprise (démarche descendante) et la prise en compte des réalités sociales, techniques et économiques de l'organisation (démarche ascendante).

La politique de formation est l'élément de la démarche descendante dans la construction du plan de formation. L'élaboration de la politique de formation ne se fait pas de manière indépendante et décontextualisée. Sa construction s'appuie sur la prise en compte, itérative, de sept facteurs :

1. *Le marché, le produit, la concurrence* (environnements sociaux et économiques) imposent des orientations politiques (objectifs de performance, de qualité...).
2. *La technologie* : évolution des moyens de production (investissements en cours ou à moyen terme).
3. *L'organisation* : le système socio-organisationnel doit prendre en compte l'état actuel de la structure, l'évolution de l'organigramme et l'évolution des emplois.
4. *Le management* ou « animation hiérarchique » : gestion participative des hommes pour valoriser l'humain dans un cadre institué (évolution sociale).
5. État des ressources humaines :
   – *les données factuelles :* pyramide des âges, pyramide d'ancienneté, état et répartition des qualifications, état des emplois ;
   – les données liées aux modes de gestion des ressources humaines où apparaît tout ce qui est lié aux pratiques d'entretien annuel d'évaluation, d'entretien d'évolution de carrière, d'entretien de formation.
6. Situation sociale en terme de climat et relations sociales :
   – *relations sociales* : consultation avec les partenaires sociaux : obligations formelles, constitution des commissions réglementaires, mise en place des calendriers ;
   – *climat social* : dans quelle situation générale se trouve l'entreprise (licenciements, plans sociaux, rachats, reprise économique) ;

– culture et histoire : culture descendante liée au management ; culture d'entreprise : construction sociale des acteurs et existence de l'inconscient collectif de l'organisation.

7. Environnements réglementaire et sociogéographique. Ce facteur prend de plus en plus de place notamment avec les normes environnement (ISO 14000) et qualité (ISO 9000). Mais aussi la réglementation d'une façon générale.

La politique de formation est rarement énoncée et encore moins écrite dans les entreprises, c'est pourtant un excellent moyen de communication, de cohésion sociale et d'affirmation d'une logique sociale et de ressources humaines. La direction, appuyée par le responsable formation, ne devrait pas hésiter à valoriser sa politique de formation par un écrit qui ne serait pas réservé aux seules commissions et représentants du personnel. Le responsable de formation a là un rôle à jouer pour donner une vraie place à la formation. Sans être exhaustif, nous proposons quelques objectifs généraux pouvant être repris, et énoncés, comme axes d'une politique de formation (Fiche Guide n° 1).

Rien n'interdit, et il serait même intéressant, d'énoncer sa politique formation au regard de la politique générale et des ressources humaines. Les objectifs décrits dans la Fiche Guide n° 1, adaptés et écrits avec les mots de l'entreprise, sont déjà un bon outil de réflexion et de positionnement stratégique.

Exemple

Ainsi, une entreprise de l'aéronautique décline ses axes prioritaires de formation pour une année donnée :

Développement industriel, nouveaux marchés et économie :

– formation à l'économie, à la gestion et à l'action sur les coûts ;

– acquisition de nouvelles compétences (commerciales, linguistiques, techniques) liées à notre développement industriel.

Évolution des métiers, techniques et moyens : actions de formation accompagnant les évolutions techniques, l'introduction de nouveaux matériels, la mise aux normes et les habilitations.

Progression de carrières : actions concernant les passages cadres, les évolutions de carrières et les projets partagés de formations diplômantes (Université, CNAM…).

FICHE GUIDE N° 1

Les objectifs généraux d'une politique de formation

Assurer la compétence et la qualification des personnels
Cet objectif désigne toutes les actions de formation visant à l'actualisation des connaissances professionnelles, l'adaptation aux nouvelles techniques, l'acquisition d'un meilleur savoir-faire professionnel et au développement de savoir être spécifiques.

Assurer la promotion des personnels et élever le niveau général des connaissances
Cet objectif cherche à développer le niveau d'ensemble des personnels ou des publics cibles en risque de marginalisation (lutte contre l'illettrisme, maintien des connaissances de base) ou à accompagner des évolutions professionnelles.

Améliorer l'efficacité des services
Cet objectif vise à favoriser le développement, et l'adaptation optimale, des unités, services ou départements aux missions qui leur sont imparties par une réflexion sur l'organisation et la mise en œuvre de nouveaux outils ou nouvelles démarches.

Mettre en place ou renforcer une démarche Qualité
Cet un objectif global de l'entreprise, ou de l'organisation, qui doit être relayé par les différents services mais aussi par chaque personne. C'est une culture particulière qui se met en place ou qui doit être soutenue.

Développer le travail d'équipe et l'intégration dans l'organisation
Cet objectif vise au développement du travail d'équipe, mais aussi à accroître la prise de responsabilités individuelles et une plus grande motivation au travail par une meilleure intégration.

Connaître l'organisation et développer une politique de communication
Il s'agit de promouvoir une meilleure connaissance de l'entreprise, organisation ou institution, et de favoriser différentes formes d'échanges et de communication entre les services. Chacun peut ainsi mieux se situer et situer son travail dans un ensemble.

Développer une dimension particulière
Cet objectif s'inscrit dans une orientation particulière en fonction de l'entreprise, son domaine et l'axe qu'elle souhaite privilégier. Nous avons

☞

☞

par exemple : développer une attitude commerciale ou centrer sur le client, développer les nouvelles technologies, renforcer la sécurité sur les chantiers...

Assurer le développement personnel et culturel

Au-delà des actions pour l'entreprise, favoriser le développement personnel et être à l'écoute des mobilités professionnelles

Culture d'entreprise :

– actions concernant l'acquisition de méthodes, langages et pratiques favorisant le travail en commun ;

– actions visant à une meilleure connaissance de l'entreprise (connaître les savoir-faire et les techniques de l'entreprise, c'est-à-dire le métier, connaître le système informatique et son fonctionnement).

L'ingénierie de formation est la concrétisation d'une politique. C'est aussi une architecture construite et organisée, afin de donner les meilleures conditions possibles pour le cadre pédagogique et l'apprentissage. L'ingénierie de formation, dans sa dimension organisationnelle, se situe bien à l'interface de l'ingénierie politique et de l'ingénierie pédagogique.

Les pratiques de formation des entreprises

On peut dénombrer de nombreuses pratiques dans la façon d'utiliser la formation dans les organisations. Afin de donner plus de lisibilité à cet ensemble, on peut cependant dégager quatre pratiques ou niveaux types que nous retrouvons chez différents auteurs[1].

1. Dès les années 1980, différents auteurs et travaux donnent des typologies assez proches les unes des autres comme :
GOGUELIN P., *La formation animation, une vocation*, Paris, Entreprise Moderne d'Édition, 1987.
HAUSER R., *L'investissement formation*, Paris, Éditions d'Organisation, 1985.
MEIGNANT A., *La formation : atout stratégique pour l'entreprise*, Paris, Éditions d'Organisation, 1986.
SAINT SAUVEUR A., *Le plan de formation dans les PME-PMI*, Paris, Éditions d'Organisation, 1990.

L'attitude comptable et fiscale

C'est l'attitude qui consiste à considérer la formation comme une charge financière légale dont il faut s'acquitter. Dans ce cadre, le plan de formation présente l'essentiel des dépenses et recettes engagées sur l'année pour des stages demandés au coup par coup en satisfaisant à l'obligation financière.

Cette attitude est sans doute plus présente dans les petites unités compte tenu du faible budget formation, de la prise en charge de la fonction formation par une personne souvent en plus, voire à part, de son activité principale, et de la difficulté de monter des actions.

Mais si cette attitude est plus compréhensible dans les petites entreprises, on la trouve encore parfois dans des entreprises plus importantes et disposant de moyens, financiers et humains, plus conséquents.

La formation œuvre sociale

La formation rentre dans une logique à la fois de formation récompense, c'est la « formation pactole », ou de gestion du climat social, c'est la « formation sécurité ». Dans ce deuxième type d'attitude, on essaie de satisfaire le maximum de personnes en cherchant à donner satisfaction aux demandes personnelles ou en récompense de quelque chose. L'entreprise cherche à partager le « gâteau formation » au nom d'un principe égalitariste vis-à-vis des possibilités de se former.

On trouve ici la mise en œuvre de principe de liste d'attente par ancienneté ou autres critères.

Cependant, la logique sociale n'est pas forcément conciliable avec des impératifs de qualification, de perfectionnement ou de développement des logiques des services, et de service.

La formation recensement et catalogue

Cette pratique mêle à la fois les logiques individuelles, c'est le recensement des attentes et *desiderata* des personnes, et les demandes des services par une certaine prise en compte des besoins exprimés par les services. La réponse apportée s'effectue par la mise en œuvre de formation à partir des catalogues de formation. Dans ce cas, la formation est plus l'expression de l'offre (de formation) que de l'analyse effective du besoin et la mise en œuvre spécifique d'une formation ou de résolution d'une situation-problème où la formation est un élément de réponse.

Cette pratique se situe à cheval entre la formation « œuvre sociale » et le niveau suivant de formation-développement

La formation investissement

La formation investissement renvoie à la combinaison de deux optiques : premièrement, la formation coûte cher et il convient de la rationaliser et de maîtriser son utilisation. Deuxièmement, la formation est un moyen d'accompagnement efficace de la mise en œuvre de projets de développement et de perfectionnement.

La formation est alors comprise comme un « atout stratégique de développement » de l'établissement ou de l'entreprise. Elle participe à la politique générale de l'organisation. Les intérêts individuels s'inscrivent dans un intérêt général de perfectionnement, de qualification et de compétences.

Attention, cela ne veut pas dire que toutes les actions à titre individuel doivent s'arrêter, et qu'il n'y a plus de promotions individuelles. Cela nécessite un équilibrage entre individu et organisation, et la promotion et l'évolution individuelle participe, en tout ou partie, au développement de l'organisation.

La formation investissement nécessite une démarche d'ingénierie de formation où nous retrouvons les quatre temps : analyser, concevoir, réaliser, évaluer.

Au regard des axes stratégiques et des comportements type repérés précédemment nous pouvons proposer une grille de diagnostic de la politique de formation au sein d'une organisation.

Diagnostic de la politique de formation

Le diagnostic dresse un état des lieux des éléments et critères étudiés. Il dresse un bilan des points positifs et négatifs. Il met en exergue les aspects sensibles, mais aussi les points d'appui. Le diagnostic, par le bilan et l'analyse qui s'en dégage, est un outil d'aide à la décision. Il n'a de sens que par rapport à cet objet, ainsi il contribue à l'élaboration des politiques internes des organisations. Le diagnostic, outil d'aide à la décision, est un instrument du niveau politique.

L'utilisation du diagnostic renvoie, pour Christian Bottin[1], à trois grands objectifs :

- De régulation : identifier les causes des dysfonctionnements pour déterminer les préconisations. L'objectif est de corriger un dysfonctionnement et de retrouver un état de fonctionnement satisfaisant.
- De faisabilité : mesurer les écarts pour évoluer vers une situation souhaitée et déterminer les conditions de sa réalisation. La finalité est d'atteindre un niveau donné ou d'avoir une évolution vers un modèle de management externe. Le diagnostic intervient ici dans un souci de modélisation.
- D'une dynamique : identifier les possibilités d'action et les marges de jeu. L'objet est de réaliser un projet innovant et donc en rupture avec ce qui existe et est connu. Le diagnostic participe à une anticipation, est préparatoire et accompagne le changement.

Le diagnostic formation permet donc de :

- *Dégager les points forts et les faiblesses* de la formation dans l'entreprise. Le diagnostic permet de situer le niveau d'intégration de la formation à la stratégie de l'entreprise. Il donne une lecture critériée du type de politique-formation existant et des réalités de l'organisation.
- *Préparer un changement* et identifier les difficultés et points de résistance. Le diagnostic est ici envisagé comme une étape préalable à un changement ou à une évolution importante. Il permet d'appréhender le niveau d'ouverture et de disponibilité pour l'innovation où la formation s'inscrit comme instrument participant à ce projet.
- *Repérer et identifier la nature d'un problème.* Rappelons, pour paraphraser Alain Meignant[2], que l'entreprise n'a pas de problème de formation, elle a des problèmes que la formation peut aider à résoudre. Le diagnostic d'une situation de travail ou d'un dysfonctionnement permet ici de voir si la formation est pertinente par rapport à la nature du problème. Mais en questionnant la place et la part de la formation, le diagnostic permet de mieux identifier une situation problème et ses modalités de résolution. Le diagnostic formation ouvre des possibles où la réponse n'est jamais donnée d'emblée ni unique.

1. BOTTIN C., *Diagnostic et changement*, Paris, Éditions d'Organisation, 1991.
2. MEIGNANT A., *Manager la formation*, Paris, Éditions Liaisons, 1991.

Le diagnostic étant toujours un outil d'aide à la décision, il s'inscrit dans une finalité particulière, avec des objectifs prédéterminés, qu'il cherchera à vérifier, confirmer ou infirmer dans un principe d'action.

Ainsi, compte tenu du niveau de développement de la fonction formation et de l'ambition de la direction vis-à-vis de celle-ci, l'objectif prioritaire d'un diagnostic sera différent. De la même façon, en fonction de la stratégie de l'entreprise, les résultats du diagnostic seront alors un moyen de développement, ou de renforcement, de la formation au sein des ressources humaines ou un bilan sans avenir.

Mais même lorsque la fonction formation est présente et développée, le diagnostic peut permettre un « petit rappel » (Fiche Guide n° 2).

FICHE GUIDE N° 2

Diagnostic de la formation dans l'entreprise

Voici un certain nombre de questions, qui permettent d'effectuer un diagnostic de son organisation, réparties en quatre rubriques principales.

La politique de formation

Existe-t-il une politique de formation dans l'entreprise ?

Sur quelle(s) procédure(s) la politique s'appuie-t-elle ?

Qui définit la politique de formation : la direction seule, sur proposition du responsable formation, les représentants du personnel, une autre personne ?

La politique de formation est-elle formalisée par écrit ?

Cette formulation donne-t-elle lieu à communication : auprès des représentants du personnel, de la hiérarchie, du personnel ?

La formation est-elle en lien avec la politique de l'emploi ? la politique générale ?

Le responsable formation connaît-il les perspectives d'embauches ou d'évolutions des emplois et en tient-il compte dans le plan de formation ?

Qui a en charge la formation ? Quel est l'intitulé de l'emploi : directeur de la formation, responsable, chargé, assistant, comptable, secrétaire, autre ? Quelle place dans l'organigramme ? Quelle autonomie et force de proposition ?

☞

Dans l'entreprise, aller en formation est considéré, par l'employeur d'une part et les salariés d'autre part, comme une récompense, une sanction, faisant partie de l'emploi ?

Y a-t-il une formation sur l'entreprise, ses techniques et son marché pour les nouveaux embauchés ?

Le plan de formation

La formation est-elle mise en œuvre pour :

- répondre à l'obligation légale ;
- l'entretien et le perfectionnement des connaissances techniques et professionnelles ;
- la promotion et la gestion de carrières ;
- la demande du personnel ;
- l'adaptation des personnels ;
- l'anticipation des évolutions de l'emploi ?

Existe-t-il une procédure d'analyse des « besoins » de formation ?

Par quelle(s) méthode(s) : entretiens, questionnaires, réunions de service, demandes individuelles, partie des entretiens d'évaluation ou d'objectif... ?

Qui a en charge ce travail : le responsable seul ? La hiérarchie est-elle impliquée ? Les intéressés ?

L'inscription en formation est-elle concertée entre le participant et sa hiérarchie, sur les objectifs et leurs applications ? Y a-t-il une procédure structurée d'inscription ?

Tout projet d'équipement ou d'investissement est-il accompagné par une réflexion ou un budget formation ?

Qui élabore le plan de formation ? De quoi la personne tient-elle compte : politique et orientations, demandes individuelles, décisions des services ? Comment s'effectuent les arbitrages ?

Le plan est-il annuel ou triannuel ? Quels ajustements annuels ou pluriannuels ?

Quel est le montant de la participation ? Quel pourcentage de la masse salariale depuis trois ans ?

Le budget est-il défini au préalable (minima légal, reproduction des années antérieures, fixé annuellement) ou est-il ajustable en fonction des choix stratégiques ?

Les outils de gestion permettent-ils un suivi aisé et régulier ?

☞

Existe-t-il un ou des tableaux de bord pour le suivi administratif, financier et la réalisation des orientations ?

Mise en œuvre de la formation

Quelle est la part entre la formation interne et la formation externe ? Sur quels critères et pour quelles formations ?

Comment s'effectue le choix des intervenants et des organismes de formation : coût, connaissance du milieu, notoriété, connaissances techniques... ?

Les intervenants sont-ils rencontrés et informés, avant les formations, sur l'entreprise et les participants ?

Y a-t-il rédaction de cahier des charges : systématique, pour les actions prioritaires ou stratégiques, d'une certaine durée ou montant ? Qui le réalise et suit la procédure ?

La formation prend-elle plusieurs formes : stage, alternance, en situation, groupe projet... ?

Évaluation

Existe-t-il des données quantitatives sur la formation : répartition par catégories socioprofessionnelles, type de formations, répartition des budgets... ?

Existe-t-il une évaluation qualitative de la formation :

- sur les acquis des formés, sur les sessions de formation et les formateurs ;
- sur l'atteinte des objectifs, la réexploitation dans l'emploi ?

Les hiérarchiques sont-ils impliqués dans le suivi d'application de la formation ?

Tient-on compte des évaluations pour les années suivantes ?

CHAPITRE 5

Les besoins en formation

LA FORMATION n'est pas réalisée en dehors de son contexte et de la prise en compte des acteurs de l'organisation. Il est alors nécessaire de chercher à faire l'analyse tant de l'environnement que des spécificités du personnel et des apprenants, par une réflexion et un travail sur les besoins en formation.

Mais pourquoi parle-t-on de besoins en formation ?

Nous avons vu précédemment que les « besoins » peuvent émaner de plusieurs sources. Il est même souhaitable et nécessaire que le plan de formation, comme traduction de la politique de formation et des remontées des services et du personnel, soit la mutualisation de ces deux démarches.

Le terme de « besoin de formation », ou « besoin en formation », apparaît dès les années soixante notamment au CUCES[1] de Nancy avec Bertrand Schwartz[2], dans le domaine de la formation. Il s'est depuis imposé comme terme idoine, particulièrement depuis l'ouvrage de Marcel Lesne et Jean-Marie Barbier[3]. Cependant le terme de « besoin » porte en lui un certain nombre d'ambiguïtés et apparaît comme polysémique.

1. Centre Universitaire de Coopération Économique et Sociale.
2. LAOT F., *La formation des adultes. Histoire d'une utopie en acte – Le complexe de Nancy*, Paris, L'Harmattan, 1999.
3. LESNE M., BARBIER J.-M., *L'analyse des besoins en formation*, Paris, Robert Jauze, 1977.

Ainsi, nous rejoignons tout à fait Alain Meignant[1] quand il écrit : « la notion de "besoin" est ambiguë, si on la comprend comme quelque chose qui existerait indépendamment de son contexte », et l'auteur d'ajouter : « en réalité, il n'y a pas un gisement de "besoins de formation" plus ou moins caché, qui ne demanderait que l'arrivée d'un spécialiste armé des méthodologies pertinentes pour le repérer et procéder à son exploitation ». Jacques Soyer[2] parle, quant à lui, « d'abus de langage (...) qui peut présenter des dangers ». Il préfère en effet dire que l'expression « besoin de formation » devrait être remplacée par « problème à régler par la formation » ou par « objectifs à atteindre par la formation ».

Nous inspirant de la « fenêtre de Johari »[3], concept de la psychologie sociale et du système de relations à autrui, nous croisons deux réalités auxquelles sont confrontés les responsables de formation, mais aussi les hiérarchiques, et nous pouvons synthétiser les différentes situations. En effet, le rapport entre l'objectif de formation et une situation problème fait apparaître quatre situations : le problème, ou situation-problème, est visible (et/ou explicite) ou non visible (et/ou implicite) d'une part, et l'objectif de formation est exprimé (et opérationnel) ou non exprimé d'autre part.

Parler de « besoins » correspond à différentes réalités, cela peut être un manque, un dysfonctionnement, une attente ou une demande (tableau 5.1).

Tableau 5.1 – Les besoins en formation : de la retranscription d'une nébuleuse à une demande

Situation-problème / Objectif formation	Non visible implicite	Visible explicite
Non exprimé	MANQUE	DYSFONCTIONNEMENT
Exprimé	ATTENTE	DEMANDE

1. MEIGNANT A., *Manager la formation*, Paris, Éditions Liaisons, 1991, p. 111.
2. SOYER J., *Fonction Formation*, Paris, Éditions d'Organisation, 1998, p. 100.
3. La fenêtre de Johari permet de structurer le champ d'intersection entre ce que l'individu sait ou ne sait pas de lui-même, et ce que les autres savent ou ne savent pas de lui. La fenêtre de Johari doit son nom aux prénoms de ses concepteurs Joseph LUFT et Harry INGRAM, *Introduction à la dynamique de groupe*, Paris, Privat, 1967.

Il faut distinguer ce qui renvoie :

- *aux besoins de l'entreprise* : en qualification, en postes, en compétences. Il est donc important de chercher à comprendre les enjeux de l'organisation dans ce processus de détermination des besoins et d'identifier la dynamique dans laquelle celle-ci se trouve : changement, projet particulier, démarche qualité, etc. Dans cette optique, il est important aussi de repérer les acteurs clés et les logiques professionnelles qui interviennent sur la dynamique d'ensemble ;
- *aux besoins du salarié* pour s'adapter, maintenir ou combler l'écart de compétences. Les personnels interviennent aussi avec leurs enjeux et leurs dynamiques identitaires qu'il est important de comprendre dans le processus de détermination des besoins.

Le besoin renvoie à *un manque* ou à un état de manque. Celui-ci n'est jamais donné à voir directement et de manière lisible et explicite. Le manque est-il dû à un problème d'organisation du travail, à une insatisfaction vis-à-vis de celui-ci ou à un sentiment de ne pas pouvoir réaliser un travail aussi pertinent qu'on le souhaiterait par défaut d'informations ou de qualifications. Le besoin amène alors à s'interroger sur l'écart, ou le différentiel, entre la situation actuelle et la situation souhaitée. Le besoin est donc la résultante de l'analyse, ou confrontation, entre un état initial et un état souhaité, souhaitable ou nécessaire. Cette différence, amenant le manque et donc le besoin de formation, peut être due à l'évolution du poste, du système de travail ou à la politique de l'entreprise.

Le problème peut avoir été identifié et donc correspondre à *des dysfonctionnements* ou des écarts, mais pour lesquels les objectifs de formation n'ont pas encore été cernés. Ainsi pour Guy Le Boterf[1] : « Les besoins de formation expriment l'écart de connaissances ou de compétences existant entre le profil professionnel requis et le profil professionnel réel. Les besoins de formations sont exprimés en terme d'objectifs opératoires de formation ». Tout le travail du responsable de formation est, par l'analyse des dysfonctionnements avec les intéressés, de dégager ce qui relèverait de la formation et donc d'élaborer les objectifs de formation correspondants.

1. LE BOTERF G., *L'ingénierie et l'évaluation de la formation*, Paris, Éditions d'Organisation, 1990, p. 96.

Les attentes renvoient à des souhaits individuels ou collectifs, en lien avec la stratégie de l'entreprise ou non. Elles peuvent être aussi la traduction d'un besoin déjà repéré et analysé comme une volonté individuelle ou une mode. Il y a un désir de formation et l'expression d'objectifs de formation, mais ces attentes ne correspondent pas nécessairement aux besoins de l'entreprise ou des services. Elles sont l'expression, plus ou moins implicite et exprimée, d'une demande latente.

La demande correspond, elle, à des attentes, individuelles ou collectives exprimées de manière explicite, voire rédigées en vue d'effectuer une ou des formations en lien avec une situation-problème à résoudre. L'objet de l'analyse des besoins est bien d'arriver à cette première étape, c'est-à-dire à l'expression d'une demande, cette demande fera à son tour l'objet d'une analyse pour devenir opératoire. Le travail du responsable de formation va être de chercher à agrandir au maximum la case « demande », correspondant à celle appelée « le grand jour » dans la fenêtre de Johari, c'est-à-dire de faire passer l'implicite à l'explicite et le non-dit à l'expression. Il est intéressant de noter que cette structure en croix, avec ces quatre cases, ne disparaîtra pas, les autres cases de la fenêtre se trouveront modifiées dans leur taille et contenu, mais seront toujours présentes et/ou se déplaceront, permettant alors d'explorer de nouvelles zones du contexte professionnel.

Les besoins se dégagent donc à partir de la confrontation entre l'existant et la situation attendue. Il faut donc tout à la fois prendre en compte la politique de l'entreprise, dont sa politique de formation telle que nous l'avons développée précédemment, les évolutions de l'entreprise et les orientations des différents services. Les besoins ne se donnent à voir que par une analyse, qu'après la mise au jour d'un écart – ce différentiel à traiter – éventuellement par la formation. L'expression des besoins s'inscrit toujours dans une réalité professionnelle particulière et sa transcription en objectifs de formation, puis en formation, correspond à une construction sociale, dans le sens d'une transaction ou d'un résultat contingent, c'est-à-dire « de la moins mauvaise solution possible » pour chacun des différents acteurs. C'est toujours une négociation, une certaine confrontation d'intérêts ou de logiques différentes, voire divergentes.

Nous voyons bien que le terme de « besoin » peut prêter à caution, qu'il recouvre plusieurs réalités bien au-delà de l'analyse de la situation professionnelle. Il est de ce fait assez surprenant, malgré toutes les limites et critiques dont il fait l'objet, qu'il se soit imposé et reste « indétrôné » à ce jour. Il nous semble que l'on emploie le terme d'analyse des besoins par défaut. L'analyse des besoins est bien « la pratique de production d'objectifs inducteurs de formation, c'est-à-dire d'objectifs qui ne relèvent pas de la formation, mais dans la réalisation desquels la formation constitue un moyen essentiel (mais non le seul) »[1].

L'analyse des besoins en formation se situe donc dans un continuum : partant d'une situation professionnelle donnée, en tenant compte de ses différentes dimensions (organisationnelle, collective, individuelle), une volonté d'évolution se dégage en vue d'atteindre une nouvelle situation. La formation est construite à partir de cette analyse et de sa transcription en objectifs de formation. Nous avons ainsi le déroulement suivant :

Situation professionnelle :
→ organisationnelle
→ collective
→ individuelle

⇩

Volonté d'évolution

⇩

Analyse des besoins

⇩

Objectifs de formation

⇩

Formation

⇩

Nouvelle situation professionnelle

1. LESNE M., BARBIER J.-M., *L'analyse des besoins en formation*, Paris, Robert Jauze, 1977.

L'analyse des « besoins » est donc la transcription d'une volonté d'évolution d'une situation professionnelle pour laquelle la formation jouerait un rôle. Cette transcription se traduit par une demande à expliciter et s'appuie sur différentes méthodes et procédures selon qu'il s'agit d'un besoin de l'organisation, collectif (ou de service), individuel ou personnel :

- *Niveau macro* : le niveau le plus global correspond à l'entreprise entière en lien avec son environnement. Au niveau de l'organisation, il s'agit des besoins en rapport avec toute l'entreprise. La formation prend ici en compte les objectifs transversaux (qualité, évolution socio-organisationnelle, environnement, communication, sécurité, management de l'encadrement, démarche commerciale).
- *Niveau méso* : au niveau collectif, il s'agit des besoins en rapport avec les objectifs des services, départements ou unités comme un changement de ligne de production, l'arrivée de nouveaux matériels ou la réponse à une commande spécifique.
- *Niveau micro.* Ce niveau se décompose en deux parties :
  - le *niveau individuel*, il s'agit des besoins en rapport avec l'emploi ou le poste de travail et l'évolution qui lui est afférente. La formation s'effectue alors dans le cadre d'un projet mobilité interne d'un salarié ou une demande individuelle de perfectionnement dans un domaine repéré par l'agent et/ou sa hiérarchie ;
  - au *niveau personnel*, il s'agit des besoins en rapport avec les souhaits d'évolution d'une personne en dehors d'un rapport direct avec l'emploi ou de l'unité de service. Cette dimension n'est pas gérée directement par le service formation mais ce dernier peut, et doit, être un facilitateur notamment par l'information sur le congé individuel de formation (CIF) et le bilan de compétences.

Nous imaginons bien désormais qu'il existe autant de modalités de recueil des « besoins » que d'entreprises ou d'organisations. Chaque responsable de formation aura sa méthode, sa procédure ou ses questionnaires. L'analyse des « besoins », nous l'avons vu, n'est pas unique et s'inscrit dans la démarche ascendante pour la mise en œuvre de la formation.

La démarche ascendante n'est pas, nous l'avons dit, un simple recueil d'opinions à propos de la formation, il importe au contraire :

- de ne pas se satisfaire d'une seule source, mais de privilégier un croisement des sources d'informations ;
- de confronter les attentes et demandes aux réalités professionnelles ;
- de croiser les approches entre les niveaux macro, méso et micro.

Pour se faire, la démarche ascendante s'appuiera donc sur :

- les informations du service formation ;
- le recensement des demandes individuelles ;
- le recensement des demandes collectives ou de service ;
- la rencontre des salariés en entretien individuel ;
- les réunions avec l'encadrement ;
- l'analyse des services, de l'emploi ou des dysfonctionnements.

Les informations du service formation

Au-delà de l'offre de formation généralement accessible et utilisée (étudiée dans le prochain chapitre), le service formation dispose d'informations qui ne sont que rarement utilisées comme :

- le taux de participation ou d'absentéisme aux formations ;
- les évaluations des stages par les participants ;
- l'entretien avec les formateurs.

Le taux de participation ou d'absentéisme aux formations. L'analyse de ces données fournie des informations intéressantes sur l'intérêt de la formation, et le suivi notamment sur des formations longues, mais aussi sur l'engagement de la hiérarchie vis-à-vis de la formation. L'absentéisme est-il dû aux manques de compétences du formateur, à la procédure d'inscription, à la non participation de la hiérarchie au choix des thèmes, périodes de formation, au faible intérêt des thèmes et contenus de formation ?

Les évaluations des stages par les participants. Lors de l'évaluation finale, soit orale, soit écrite par questionnaire, les participants donnent leur perception du stage suivi, ce qui permet de recueillir des indications sur l'intérêt de reconduire ou non ce type de formation, et également d'ajuster la prestation du formateur avec les précautions qui s'imposent dans l'exploitation de ces résultats. Un autre élément intéressant à faire figurer et à utiliser dans l'analyse des besoins, est d'interroger les participants sur les suites possibles, les thèmes complémentaires de formation ou les possibilités d'application en situation. Tout le problème consiste surtout à trouver le temps nécessaire pour le dépouillement, et ces éléments n'ont d'intérêt que s'ils sont exploités. Par contre, si cela devient une procédure systématique, c'est un gain de temps pour réfléchir à la reconduction de formation, envisager de nouveaux thèmes et valider ceux-ci avec les hiérarchiques. N'oublions pas que la formation c'est aussi de l'innovation.

L'analyse des besoins et l'évaluation des formations par le service formation nécessitent de se poser *a minima* certaines questions qui pourront être intégrées à un questionnaire d'évaluation :

– Sur le plan général, ce stage a-t-il répondu à vos attentes ?

(*Très satisfaisant – Satisfaisant – Insatisfaisant – Très insatisfaisant*)

– Quelle suite ce stage appelle-t-il ?
  – en formation continue (*thèmes à préciser*),
  – en formation longue (*type à préciser*),
  – en lien avec le service ou l'unité (*donner des exemples*).
– Remarques et suggestions.

Ces questions seront, ensuite, analysées par le service formation en vue d'en dégager de l'information et des pistes de réflexion.

L'entretien avec les formateurs. Les formateurs, par leurs contacts avec les participants, entendent les besoins ou les difficultés qui s'expriment tant sur la formation et son contenu, que sur les possibilités effectives d'application. Connaissant leur domaine d'intervention, ils peuvent déceler aussi les lacunes ou les approfondissements nécessaires. De même, ils peuvent percevoir des dysfonctionnements, ou des perfectionnements possibles, dans les unités qu'il serait intéressant d'approfondir avec les responsables. Ces informations et les relations qu'elles supposent, nécessitent une attitude déontologique de la part des formateurs et du responsable de formation, et ne doivent pas chercher à mettre en cause les responsables de service. Il apparaît important et intéressant que les responsables de formation puissent rencontrer les formateurs, si ce n'est systématiquement, au moins ponctuellement, afin de dégager les aspects positifs ou à améliorer d'une formation. De la même façon qu'il existe des questionnaires d'évaluation pour les stagiaires, il peut être intéressant que le formateur renseigne un document qui, à la fois, laisse une trace de la formation et permet des prolongements ou des ajustements (Fiche Guide n° 3).

FICHE GUIDE N° 3

Évaluation de la formation par le formateur

Intitulé de la formation :

Dates :

Nom du formateur :

Nombre de participants :

Objectifs de la formation :

Ces objectifs ont-ils été atteints ? Si oui, quels ont été les éléments facilitant ?

Si non, pourquoi ?

Le public était-il adapté à la formation ? Si non, pourquoi ?

Quelle suite peut-on donner à cette formation ?

- thèmes et contenu de formation ;
- application professionnelle.

Les conditions matérielles étaient-elles adéquates ? Si non, lesquelles ? Quelles améliorations ?

Remarques et suggestions

Le recensement des demandes individuelles

Cette méthode a son intérêt puisqu'elle permet de recueillir les demandes individuelles et donc d'avoir une certaine cartographie des besoins en formation au niveau de l'entreprise. Cependant, elle n'est pertinente que dans un climat de confiance au sein de l'entreprise où la demande de formation n'est pas perçue négativement par le responsable de service ou l'organisation. Elle a aussi ses limites et ne doit pas être utilisée comme unique mode de recueil, sinon le plan de formation ne deviendrait qu'un catalogue d'actions individuelles déconnecté d'une logique d'ensemble. De plus, ce recueil devra faire l'objet d'un retour auprès des intéressés et donner lieu à justification dans le cas d'une demande non retenue. Le recensement des demandes individuelles nous paraît être une démarche intéressante dans la mesure où elle est adaptée à l'organisation et à sa culture. Autrement dit, il serait imprudent de réaliser ce type de recueil s'il n'y a aucune suite effective ou si l'expression des salariés n'est pas dans les pratiques courantes de l'entreprise. Il convient de procéder par étapes successives notamment par le recensement des demandes collectives ou de services.

Cette démarche de recensement des demandes individuelles, comme toute démarche, se doit d'être instrumentée, nous pouvons donc proposer une trame adaptable à chaque organisation (Fiche Guide n° 4).

FICHE GUIDE N° 4

Recensement des demandes individuelles

REPÉRAGE ET RECUEIL DES « BESOINS »
ACTION INDIVIDUELLE
Note de présentation et d'information du service Formation sur le principe d'analyse des besoins de formation. Présentation de la procédure de repérage et de recensement. Fiche action individuelle envoyée à chaque salarié. Date d'envoi et date de retour.
◆ Identification de la personne ◆ Projet personnel et/ou professionnel ◆ Formations antérieures ◆ Objectifs de formation ◆ Capacités, connaissance, compétences recherchées ◆ Thématiques de formation ◆ Avis du responsable (date et signature) ◆ Date et signature

Le recensement des demandes collectives ou de service

Ce recensement s'effectue auprès des chefs de service ou de responsable de département en vue de dégager les axes de formation pertinents et prioritaires pour le service concerné. La Fiche Guide n° 5 permet aux responsables d'être impliqués dans la logique formation et d'entrer dans une culture formation. De ce fait la formation participe aussi complètement à la logique de travail et des projets de service.

FICHE GUIDE N° 5

Recensement des actions collectives ou de service

REPÉRAGE ET RECUEIL DES « BESOINS »
ACTION COLLECTIVE
Note de présentation et d'information du service Formation sur l'objet et la procédure de repérage et de recensement. Fiche action collective envoyée à toutes les unités (services, département) Date d'envoi et date de retour
◆ Identification du service ou unité ◆ Projet (ou évolution) de service ◆ Population concernée ◆ Nombre de personnes ◆ Projet de formation ◆ Priorité action ◆ Priorité temporelle (année n + 1, n + 2…) ◆ Avis du responsable ◆ Date et signature

Le recueil de « besoins », et sa transcription en objectifs de formation se retrouvent dans les trois grands axes temporels de la stratégie de toute entreprise et d'un plan de formation pluriannuel (Meignant, 1991) :

– le court terme (1 an) = accompagner l'existant ;
– le moyen terme (2 à 3 ans) = accompagner les changements ;
– le long terme (3 à 5 ans) = préparer l'avenir.

En fonction du projet, du niveau plus stratégique de celui-ci ou de l'antériorité de la démarche d'ingénierie, la demande peut nécessiter un accompagnement plus important ou spécifique. De ce fait, le questionnement de la demande, tout en s'appuyant sur les documents proposés (Fiches Guides), renvoie à une structuration plus importante et à une pratique plus utilisée par des formateurs consultants externes. Cependant, le responsable de formation, en tant que conseiller auprès des chefs de service dans cette relation emploi/formation, se trouve de fait dans une posture de consultant interne où il a à utiliser les outils et démarches du conseil. Cet aspect est ainsi développé dans la démarche de contractualisation avec un point sur l'analyse de la demande (chapitre 8, démarche de contractualisation et analyse de la demande).

Globalement, le responsable de formation doit questionner le responsable de l'unité sur la situation professionnelle présente, les évolutions de celle-ci et sur ses propres volontés ou orientations.

En définitive, l'analyse des besoins en formation, en tant que démarche d'élaboration des objectifs de formation, est un processus impliquant différents acteurs, avec différentes actions en parallèle et complémentaires à mener dans une logique progressive et itérative, et dans un esprit de négociation. Nous pouvons représenter alors cette démarche et son esprit à l'aide de la figure 5.1.

Figure 5.1 – L'analyse des besoins en formation

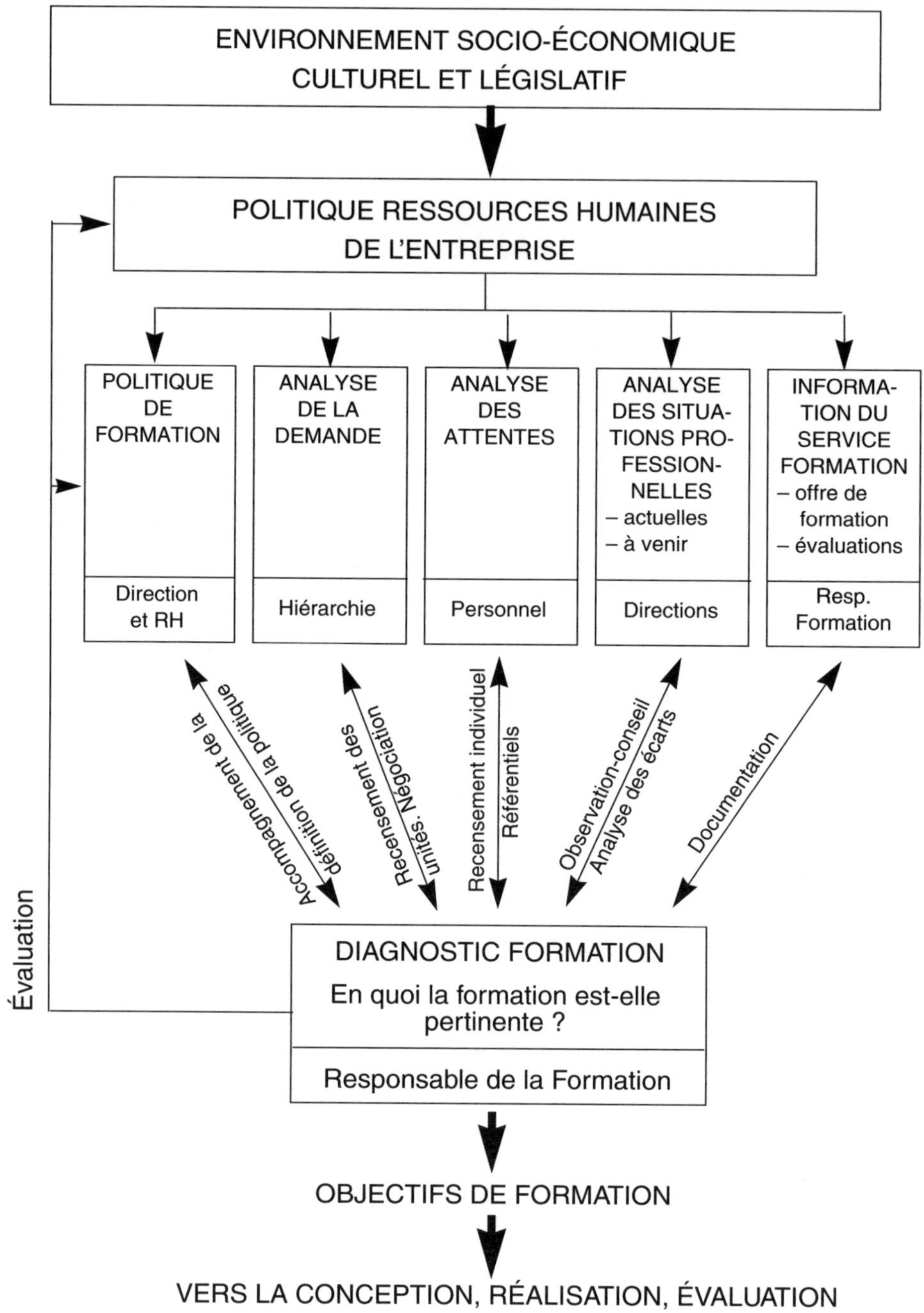

Chapitre 6

Analyse de l'offre de formation

Le contexte de renforcement des contraintes économiques, de complexification des besoins et attentes et des exigences accrues vis-à-vis de la formation amènent les responsables de formation à intégrer dans leurs pratiques professionnelles une logique « d'achat de formation ».

Afin, fort justement, de ne pas rentrer dans une logique uniquement gestionnaire, comptable et économique, le responsable de formation doit pouvoir prendre du recul sur le marché de la formation, et avoir un « discernement pédagogique », réelle plus-value de la formation. Ce recul nécessite de bien connaître le marché des organismes de formation de son secteur professionnel et/ou géographique. Sachant qu'il est parfois difficile de s'y retrouver dans le maquis des organismes de formation.

Qui sont les organismes de formation ?

Plus de 45 000 organismes de formation se partagent le marché de la formation dont l'accès est libre et se situe dans un champ concurrentiel ; mais seuls 7 500 exercent la formation à titre principal. Le marché de la formation est donc très éclaté. De même, les organismes de formation peuvent se situer sur une spécialisation, être généralistes ou multiprofessionnels.

On distingue :

- Les *organismes publics* (Éducation Nationale avec les GRETA, Ministère de l'agriculture, services Formation Continue des universités, CNAM) et *parapublics* (AFPA, chambres consulaires), soit 3 % des organismes de formation pour 17 % du marché.
- Les *organismes privés* comprenant :

– les organismes à but non lucratif (associations loi 1901) : 28 % des organismes de formation pour 36 % du marché ;

– les organismes privés à but lucratif : 44 % des organismes de formation pour 42 % du marché ;

– les individuels : 25 % des organismes de formation pour 5 % du marché.

(*Source* : Centre Inffo, chiffre 1998, exploitation des bilans pédagogiques et financiers - DARES)

Cette démarche d'anticipation et de préparation représente bon nombre d'intérêts pour le service formation et, en retour, pour l'entreprise, comme :

- connaître le marché de la formation dans son domaine professionnel ;
- ne pas se laisser envahir par la documentation sans la traiter ni l'exploiter ;
- avoir une base de données rapidement exploitable et augmenter sa réactivité vis-à-vis des différents services ;
- renforcer le professionnalisme du service formation par sa capacité à anticiper, participer ou accompagner des projets de service ;
- pouvoir s'interroger sur les priorités de l'entreprise par rapport aux organismes de formation à solliciter ;

– pouvoir réaliser une présélection des organismes lors de lancement d'appel d'offre ;
– construire des cahiers des charges pertinents tant du point de vue des services demandeurs que des organismes avec lesquels l'entreprise va travailler.

Cette démarche d'anticipation se nourrit des données déjà existantes sur les organismes de formation avec lesquels l'entreprise travaille ou, si ce n'est pas le cas permet la construction de tableau de bord de connaissance et de suivi de l'activité formation avec ces organismes. Il s'agit donc à la fois d'explorer le marché concernant et/ou intéressant l'entreprise, et d'avoir rapidement un premier niveau de comparaison ou de classement des organismes de formation. Ces éléments permettront de déterminer le type et le niveau d'exigence attendus en fonction de chacune des actions menées : spécialisation par domaine ou par public, expériences et niveau d'intervention, type d'expertise, regard généraliste et/ou méthodologique, implantation géographique, innovations techniques ou pédagogiques, secteur public ou privé, etc.

Si cette démarche est indispensable dans le cadre de la formation professionnelle continue, elle peut tout à fait être exploitable dans le domaine de la formation initiale dans le cadre soit de renforcement de relations partenariales école/entreprise, soit dans une logique plus large de la relation emploi/formation notamment en vue de recrutements, de formations qualifiantes ou d'accompagnement de carrières.

Différentes sources d'information

Au-delà des plaquettes envoyées directement par les organismes de formation, il existe différents moyens d'information sur le marché de la formation et ses prestataires. Il est important de ne pas se limiter uniquement aux prestataires déjà connus. Il convient donc d'être à l'écoute de son secteur. Ainsi, nous pouvons avoir de manière incitative et non exhaustive :

– les plaquettes des organismes de formation ;
– les services télématiques et banques de données sur internet ;
– les services des constructeurs de matériels ;

– les conseillers institutionnels (DRTEFP, DDTEFP, Chambres consulaires, OPCA, CFA pour l'alternance et l'apprentissage, OPACIF) ;
– les organisations professionnelles ;
– les organismes collecteurs (OPCA de branche ou interrégional) ;
– les salons professionnels (secteur professionnel, ressources humaines, éducation et multimédia…) ;
– les colloques, séminaires ou réunions d'information ;
– les articles de journaux ou revues du domaine ou présentant des expériences ou innovations.

Comme nous pouvons le voir, ce ne sont vraiment pas les sources d'informations qui manquent (Fiche Guide n° 6), mais bien souvent le temps et le moyen de structurer toute cette information.

FICHE GUIDE N° 6

Sources d'informations sur la formation

Nous nous limiterons ici à donner les structures à la fois pertinentes et surtout ouvrant vers d'autres structures.

CEDEFOP	Le CEDEFOP, Centre européen pour le développement de la formation professionnelle. Le CEDEFOP participe à la valorisation et à la promotion de la formation professionnelle des jeunes et de la formation continue des adultes en Europe. www.info-europ.fr www.cedefop.eu.int
CARIF	Centre d'Animation et de Ressources de l'Information sur la Formation CARIF, est un terme générique qui est développé de manière différente dans chaque région. Les CARIF ont pour mission le développement de l'information sur la formation professionnelle continue et, selon les régions, le développement et l'animation des formations de formateurs. En général, chaque CARIF a son propre site. Pour connaître le CARIF de sa région et ses missions : www.centre-inffo.fr www.intercarif.org

☞

☞

CENTRE INFFO	Association loi 1901, placée sous la tutelle du ministère des Affaires sociales, du Travail et de la Solidarité, le Centre INFFO est un lieu de ressources, de traitement et de diffusion de l'information sur la formation professionnelle continue. Le Centre INFFO se situe au cœur du réseau des relais d'information (CARIF, PAIO, MIFE, CIO, ANPE...). Le Centre INFFO est ouvert aux partenaires sociaux, aux professionnels de l'emploi, des ressources humaines et de la formation et tous centres et services d'information sur la formation. 4, avenue du Stade de France – 93 218 Saint-Denis La Plaine CEDEX www.centre-inffo.fr
DRTEFP	Les DRTEFP, DDTEFP sont des services déconcentrés de l'État, rattachés à ce ministère. www.travail.gouv.fr
OPCA	Un OPCA – Organisme Paritaire Collecteur Agréé – est une association dotée d'un agrément ministériel pour collecter et gérer les contributions des entreprises consacrées au développement de la formation professionnelle continue. Créés en 1993 par la loi quinquennale, en remplacement des Asfo et FAF, les OPCA doivent répondre à différents critères (volume financier, territoire, centré sur une branche professionnelle ou non). Chaque OPCA de branche porte un nom spécifique. www.centre-inffo.fr

Voir aussi en fin d'ouvrage la sitographie (p. 237).

Organiser l'information

Différentes modalités peuvent exister en fonction surtout du volume d'information à traiter, du niveau d'exploitation envisagé et des moyens techniques et humains dont on dispose. Cependant des aspects basiques restent pertinents.

Le classement alphabétique

Afin de pouvoir disposer de l'information nécessaire, il est important de pouvoir retrouver les documents existants. Ainsi, le premier classement à réaliser est tout simplement de ranger, dans une armoire, étagère ou classeur, les plaquettes ou autres documents des organismes par ordre alphabétique. Il n'est pas nécessaire de tout garder, ceux trop éloignés de votre domaine, trop coûteux ou ne présentant pas de garantie suffisante sont à éliminer.

Le classement par domaines

À ce classement matériel vient s'ajouter un classement par critère : de type ordre d'arrivée, géographique (national, régional, local) ou, le plus souvent et le plus utilisable, par domaines en fonction du métier de l'entreprise.

Ainsi, pour chaque domaine une fiche est créée où les organismes sont référencés. Par exemple, si un salarié souhaite faire une formation en soudure ou un cadre mettre en œuvre une formation qualité dans son service, il suffit de rechercher avec cette fiche les organismes recensés dans ces domaines. Ces derniers étant classés par ordre alphabétique.

Pour repérer les domaines intéressants pour l'entreprise, il est possible de partir de nomenclatures existantes comme les spécialités de formation du bilan pédagogique et financier des organismes de formation, soit le formacode du Centre Inffo ou plus simplement en répertoriant les actions menées ces trois dernières années avec leurs intitulés, et de les classer par grands domaines (formations générales, sciences humaines, génie industriel, spécialités industrielles, de services, administration et gestion, sanitaires et sociales, développement personnel, bureautique, langues...).

Le classement par organisme

Il est aussi possible et intéressant d'aller plus loin dans son classement et dans le repérage des organismes de formation de son secteur, en créant une fiche plus précise par organisme. Ces fiches servent alors de support pour une présélection à un appel d'offre, par exemple, ou pour rencontrer des formateurs sur un sujet précis.

Il existe un grand nombre de grilles de lecture possible et en même temps il n'existe pas de grille universelle. C'est à chaque structure de produire sa grille la plus pertinente et exploitable, cependant nous pouvons proposer une trame adaptable (Fiche Guide n° 7).

FICHE GUIDE N° 7

Connaître et analyser l'offre de formation

Informations générales

Coordonnées, statut juridique, année de création, taille et organisation

Sources de l'information (plaquette, rencontre directe, par des collègues responsables de formation, par un établissement ou le siège...)

Dirigeants et personne à contacter

Activités et domaines

Autres activités que formation : conseil, recrutement, études

Spécialités par domaines, par public, métier ou compétences

Types de formateurs ou d'intervenants (permanents/vacataires, formation, profil, expériences)

Références, label ou certification

Organisme qualifié (OPQF, ISO, démarche Qualité Afnor)

Label spécifique du domaine

Références et expériences

Reprise des informations relatives à l'offre de formation (norme Afnor X50-760)

Méthodologies

Méthodes pédagogiques : alternance, formation à distance, multimédia, centre ressources

Rythme, constitution des groupes et modalités de formation

Supports pédagogiques et moyens existants

Adaptation à l'entreprise (dates prédéterminées, souplesse, disponibilité)

Modalités d'évaluation

Zone d'implantation

Internationale, nationale, régionale, locale

Tarifs

Coût ou estimation prix de journée en inter/intra et groupe/stagiaire

Conventionnement annuel et modalité de paiement

Coût global/coût détaillé

Méthodologies de recueil d'informations

Pour mettre en œuvre cette étape d'analyse au sein de son organisation ou en tant que formateur-consultant, l'ingénieur de la formation se doit de maîtriser un ensemble de savoir-faire et de méthodes issus des sciences sociales. Le tableau 6.1 qui récapitule les principales méthodes et démarche, est autant la synthèse de notre expérience que des ouvrages ou lectures sur ce sujet.

Tableau 6.1 – Méthodologies de recueil d'informations en ingénierie de la formation

	Entretien			Questionnaire		Analyse documentaire	Observation
	Entretien Non directif	Entretien semi directif	Entretien directif	Questionnaire fermé	Questionnaire ouvert		
Informations recueillies	Attitudes Sentiments Du vécu Représentations Idées ou réflexions	Attitudes Opinions Faits Représentations Idées ou réflexions	Faits Opinions Grille attitudes	Faits Opinions Grille attitudes	Faits Opinions Grille attitudes Représentations Idées ou réflexions	Faits Diversité des données et des formes de documents	Comportements Faits Modes d'action Pratiques professionnelles et sociales
Passation	Individuel ou petit groupe maximum 6 personnes	Individuel ou petit groupe maximum 6 personnes	Individuel ou groupe maximum 10 personnes	Courrier Grand groupe	Courrier ou note En groupe	Compilation de documents	Variable selon l'objet et la situation
Travail préalable au-delà de l'objectif et de la problématique d'enquête	Consigne de départ	Constitution d'un panel ou échantillon Guide d'entretien (ouvert)	Constitution d'un panel ou échantillon Guide d'entretien (avec des aspects directifs) Grille d'analyse	Constitution d'un échantillon Construction du questionnaire Grilles de dépouillement	Constitution d'un échantillon Construction du questionnaire Grilles de dépouillement	Repérage des lieux ressources ou des sources documentaires Construction de grille d'analyse	Grille d'observation Hypothèses de travail
Moyens de réalisation	Prise de notes Enregistrement	Prise de notes Enregistrement	Prise de notes Enregistrement	Reprographie Traitement informatique et statistique	Reprographie Traitement informatique et statistique	Recherche documentaire	Prise de notes Enregistrement vidéo
Compétences de l'enquêteur	Écoute Empathie Neutralité Reformulation Analyse en cours d'entretien Animation de groupe	Écoute Empathie Neutralité Reformulation Analyse en cours d'entretien Animation de groupe	Rigueur Analyse en situation Neutralité Animation de groupe	Rigueur et méthode Neutralité Utilisation d'outils informatiques et statistiques	Rigueur et méthode Neutralité Utilisation d'outils informatiques et statistiques	Rigueur et méthode Technique de lecture rapide Analyse et synthèse Recul par rapport aux sources	Disponibilité intellectuelle Curiosité Discrétion Analyse dans l'action Écoute

☞

☞

Intérêts	Informations denses, riches et diverses Exploration de domaines non imaginés au départ Mise en œuvre relativement aisée Construction d'hypothèses de travail	Richesse et diversité dans les données recueillies Ouverture du sujet traité Mise en œuvre relativement aisée pour des petits nombres Construction d'hypothèses de travail	Résultats exploitables quantitativement et statistiquement Structuration et confrontation des données facilitées	Production statistiques Données crédibles et généralisables Vérification d'hypothèses Dépouillement et traitement aisés si informatisés	Vérification d'hypothèses et une certaine ouverture Traitement statistique partiel Des données à la fois quantitatives et qualitatives	Connaissance approfondie d'un sujet Regard externe Diversité des données et des approches Ouverture Validation externe d'une situation existante	Connaissance d'un milieu professionnel ou social Ouverture et réflexions *in situ* Souvent complémentaire à d'autres moyens
Inconvénients	Résultats très qualitatifs demandant une finesse dans l'analyse	Résultats qualitatifs ne pouvant être généralisés qu'avec un panel représentatif ou conséquent	Préparation rigoureuse et acceptation par les enquêtés Risque de résultats stéréotypés	Préparation importante Lourdeur Temps et moyens nécessaires Risque d'un faible taux de retour Pas d'ouverture	Diversité des données recueillies Difficulté du passage par l'écrit pour répondre Difficulté et complexité du dépouillement et du traitement Risque de faible taux de retour	Diversité et profusion de la documentation Stockage et gestion de la documentation	Risque de subjectivité ou de « passer à côté » d'événements Risque de modification du comportement des observés
Remarque complémentaire	L'approfondissement du sujet sera plus important en individuel qu'en collectif Utiliser dans la phase exploratoire d'une enquête	L'approfondissement du sujet sera plus important en individuel qu'en collectif Maîtrise indispensable en ingénierie de formation	Démarche intéressante pour vérifier des hypothèses	À mettre en œuvre si justifié	À utiliser avec parcimonie souvent en complément ou partie d'un questionnaire fermé	Indispensable pour tout travail de recherche Nécessaire pour aborder ou suivre un sujet ou projet	De l'observation diffuse à l'observation critériée, il existe une diversité des situations À la fois être dans une attitude d'observation permanente sans jugement hâtif

PARTIE 3

Concevoir, c'est être architecte de la formation

La carte n'est pas le territoire.

Le pendule de Foucault, Umberto Ecco

INITIALEMENT, l'ingénierie se caractérise par cette étape de conception, étape nouvelle et nécessaire en amont de toute réalisation d'importance. Cette étape, toujours présente et indispensable, se situe dans le continuum : analyser – concevoir – réaliser – évaluer.

Tout au long de son activité, le responsable de formation, dans la démarche d'ingénierie de formation, ne cesse de concevoir en s'appuyant notamment sur l'étape d'analyse. Professionnel, en position d'interface, l'ingénieur-formation doit en effet retranscrire les besoins et objectifs généraux en objectifs de formation opérationnels. Cette étape de conception est ainsi le lien entre le souhaitable et le réalisable. Pour ce faire, l'ingénieur-formation cherche à objectiver la démarche et les contenus de formation en s'appuyant sur les référentiels et les cahiers des charges dans une démarche de contractualisation.

CHAPITRE 7

Référentialisation et référentiels

DANS UN MONDE du travail en perpétuelle évolution, où il est demandé polyvalence, innovation, autonomie et adaptation aux changements, nous assistons cependant, en parallèle, au développement de référentiels. Si ce concept de référentiel existe dans différents domaines et s'applique à des contextes variés, il connaît un véritable développement avec son entrée dans le monde du travail. Ainsi, les référentiels envahissent de plus en plus notre environnement professionnel. Que cela soit au niveau de la formation, des entreprises ou des ressources humaines, les référentiels sont présents. Le référentiel apparaît comme un passage obligé de toute action de formation.

La société est mouvante et évolutive, et il est demandé aux organisations adaptation et réactivité. Dans ce contexte, les référentiels peuvent apparaître comme figés, voire anachroniques. Cette structuration et cette forme de stabilisation de la réalité devient donc une nouvelle norme ou la « référence ».

Le référentiel, et ses utilisations, ne laisse pas indifférent et peut être porteur d'angoisse, d'agacement ou de dédain pour les différents acteurs, que ce soit l'individu en tant que salarié, les hiérarchiques ou le dirigeant.

Au-delà d'une perception où tout serait bon ou au contraire tout serait mauvais, il ne s'agit donc ni de faire l'apologie, ni une contestation des référentiels et de leur démarche de construction, mais d'examiner la logique de référentialisation et les principes d'utilisation de ces référentiels.

Pour entrer dans cette réflexion, nous ferons un nécessaire détour sur le concept de référentialisation, avant de présenter la méthodologie et la démarche de travail.

Cette présentation nous amène à porter un regard critique sur l'intérêt et les limites de l'utilisation des référentiels.

La référentialisation

Gérard Figari[1] nous propose une définition intéressante : « La référentialisation consiste à repérer un contexte et à construire, en le fondant sur des données, un corps de références relatif à un objet (ou une situation) par rapport auquel pourront être établis des diagnostics, des projets de formation et des évaluations ». Il poursuit en disant : « La référentialisation veut être une méthode de délimitation d'un ensemble de référents et se distingue en cela du référentiel qui désigne, lui, un produit fini, et plus exactement une formulation momentanée de la référentialisation ».

La référentialisation répond donc à un double objectif : de description d'une réalité qui permet alors de définir des objectifs, et d'évaluation. La référentialisation est donc un processus de construction de référentiels, ces référentiels étant indispensables pour évaluer une action et ses effets (Hadji[2], Peretti[3]). La référentialisation est donc bien une lecture de la réalité, une modélisation qui permet de mieux la comprendre et l'appréhender. Il s'agit alors d'une reconstruction de la réalité qui n'est jamais donnée directement à voir et qu'il faut analyser, disséquer et reconfigurer. Si la référentialisation est la méthode d'élaboration, le référentiel est le produit de cette démarche.

1. FIGARI G., *Évaluer, quel référentiel ?*, Bruxelles, De Boeck – Wesmael, 1994.
2. HADJI C., *L'évaluation, règles du jeu*, 6e édition, Paris, ESF, 2000.
3. PERETTI J.-M., VACHETTE J.-L., *L'audit social*, Éditions d'Organisation, 1987.

Le référentiel est donc une « liste d'une série d'actes, de performances observables détaillant un ensemble de capacités (référentiel de formation) ou de compétences (référentiel de métier) » (terminologie formation professionnelle, Afnor X50-750 avril 1992).

Produire un référentiel nécessite d'avoir une vision large et ouverte sur l'environnement et de mettre en relation les différents éléments entre eux. Un référentiel n'a en effet de sens qu'en tenant compte du contexte dans lequel il s'élabore et s'utilise. Il est à la fois difficile, inopérant, voire dangereux pour les acteurs de réaliser un référentiel en dehors de toute concertation et liaison avec les situations professionnelles.

Ainsi, travailler sur les référentiels nécessite de s'interroger et d'analyser un ensemble de domaines tel que :

- situation professionnelle et analyse du système de travail ;
- emploi et son environnement ;
- compétences professionnelles ;
- référentiel et différentiel : emploi, compétences, formation ;
- validation des acquis.

La situation professionnelle et l'analyse du système de travail. La situation professionnelle est la prise en compte d'une double dimension : premièrement, la composante personne/poste et donc l'analyse de la personne dans son poste de travail, et deuxièmement, l'analyse du poste de travail en tant que tel, mais aussi l'évolution dans le temps et le contexte de cette situation. Une situation professionnelle est un poste mis en relation, mais c'est aussi un poste en devenir qui est donc examiné en dynamique. La compréhension de cette situation ne peut se faire qu'en intégrant une analyse du système de travail, c'est-à-dire la prise en compte élargie du système de relations, des moyens et techniques utilisés et du système de management.

L'emploi et son environnement. En fonction du type de référentiels attendus, l'analyse du travail et de la situation professionnelle devra plus ou moins tenir compte de la position de l'emploi dans son environnement global, donc non seulement au sein de son organisation, mais aussi dans ses rapports avec un contexte élargi : prise en compte du marché économique et de ses évolutions, compréhension culturelle de pays partenaires, système de relations nationales ou internationales.

Les compétences professionnelles. De manière plus précise, les compétences sont déclinées par rapport aux métiers de l'entreprise ou de l'organisation. Sans rentrer ici dans le débat, riche et pertinent[1], sur les compétences, nous reprendrons seulement deux définitions : une opérationnelle, l'autre, plus élaborée, permettant de mesurer le travail de conceptualisation en cours.

> « Compétence professionnelle : mise en œuvre, en situation professionnelle, de capacités qui permettent d'exercer convenablement une fonction ou une activité » (Afnor X 50-750, 1996).

> « La compétence est la formalisation d'une dynamique complexe d'un ensemble structuré de savoirs (savoirs, savoir-faire, savoir être, savoir agir, savoirs sociaux et culturels, savoirs expérientiels) mobilisés de manière finalisée et opératoire dans un contexte particulier. La compétence est la résultante reconnue de l'interaction entre l'individu et l'environnement »[2].

L'analyse des compétences et la mise en mot de l'action permettent de repérer et de répartir les types et niveaux de savoirs nécessaires pour l'emploi.

La démarche de référentialisation est bien ce travail de production de référentiels, et en ce qui concerne notre domaine, la référentialisation s'inscrit dans un travail qui permet de passer du champ professionnel au champ éducatif, par la transposition du métier en *référentiel d'activités ou d'emploi* puis en *référentiel de compétences* pour aboutir au *référentiel de formation*. La figure 7.1 résume cette démarche et le positionnement des trois référentiels.

Figure 7.1 – La référentialisation en formation

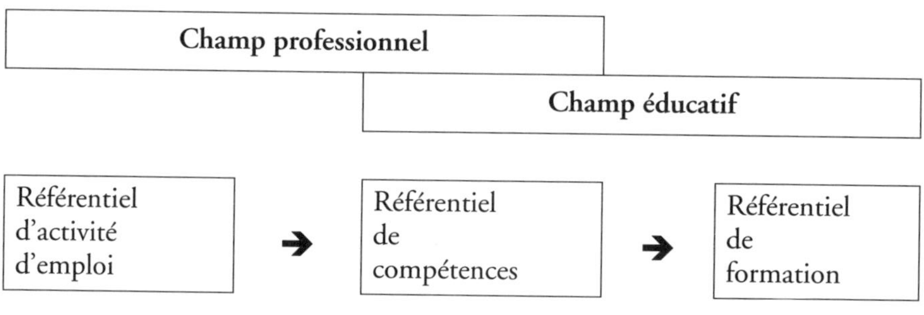

1. Nous participons nous-mêmes à cette réflexion dans le cadre de nos recherches et travaux.
2. Thierry Ardouin, Université de Rouen (ronéo), 2002.

La validation des acquis. De par l'idée même de formation tout au long de la vie, de la demande sociale de qualification et des lois sur la validation des acquis (1985, 1992, 2002), la démarche de référentialisation nécessite de s'interroger sur les liens entre les référentiels et leur exploitation et valorisation dans le cadre de la validation des acquis. C'est le cas, par exemple, du secteur public hospitalier qui met en œuvre une démarche de référentiels de métier en mettant en correspondance les formations existantes dans une optique de validation des acquis. Il s'agit de Valipro sous la direction de l'ANFH[1].

La Validation des Acquis (VAP, VAE)

La reconnaissance et la validation des acquis sont l'acceptation de trois principes :

– Il est possible d'apprendre en dehors des dispositifs formels et d'avoir des parcours hétérogènes, voire des « chemins de traverse », donc de reconnaître la réalité de l'expérience professionnelle (lois 1985 et 1992), mais aussi de l'expérience sociale (loi de modernisation sociale 2002).

– Il est nécessaire d'officialiser ces apprentissages par un dispositif légal et d'étendre l'information sur celui-ci.

– Il est alors possible d'être dispensé de certaine partie de formation, voire d'acquérir tout ou partie d'un diplôme.

Positionnement et clarification de quelques termes :

- *Acquis* : ce terme se réfère à la fois à des connaissances et à des capacités liées à des apprentissages ou à des expériences ainsi qu'à des comportements, des attitudes, des valeurs acquises dans la vie quotidienne, professionnelle, sociale ou culturelle, c'est-à-dire l'ensemble de ce que sait, connaît et fait une personne.
- *Reconnaissance des acquis* : au sens large du terme, la reconnaissance des acquis est une notion qui recouvre l'ensemble des pratiques et procédures contribuant, aux différents moments de la vie d'un individu, à la prise en compte de ses compétences diverses et potentialités. Par exemple, cette reconnaissance, parfois sous la forme d'une attestation, est accordée par un organisme de formation, avant l'entrée

☞

1. ANFH : Association Nationale pour la Formation des personnels Hospitaliers.

☞

en formation, ou par un employeur à l'occasion d'un recrutement ou d'une évolution de carrière.

La reconnaissance des acquis :

- suppose le repérage et l'identification des acquis en fonction d'un projet de qualification et/ou d'insertion, comportant, dans certains cas, des objectifs précis ;
- elle n'a de valeur que par la pratique sociale qu'elle engendre ;
- l'évaluation qu'elle contient « engage le signataire » et peut être préalable à une validation dès lors qu'il y a explicitation et mise en forme des acquis, assorties de conditions de mise en œuvre rigoureuse de l'évaluation, avec des critères définis au départ.

Il s'agit donc d'une reconnaissance institutionnelle.

• *Validation des acquis* : on peut considérer la validation des acquis comme étant l'acte officiel qui consiste à certifier au nom d'une autorité compétente qu'un individu a fait la preuve, par des moyens codifiés, connus et déterminés à l'avance (et donc non arbitraires) qu'il maîtrise les savoirs et les savoir-faire correspondant à tel diplôme ou tel titre homologué.

La validation des acquis constitue l'étape finale de la reconnaissance des acquis et de leur certification par un diplôme ou autre certification.

Ainsi, la reconnaissance renvoie à la procédure et celui de validation aux aspects juridiques et institutionnels. La reconnaissance constitue alors une phase préalable à la validation. Pour s'y retrouver dans le maquis des titres, diplômes et certifications, la loi de modernisation sociale a créé une commission nationale des certifications professionnelles (CNCP) et un répertoire des certifications professionnelles (RNCP).

Les décrets sur la VAE et son application sont consultables sur le site www.legifrance.gouv.fr

Voir aussi, dans les régions, les DAVA Éducation Nationale et les CARIF.

Démarche de référentialisation

Pour illustrer la démarche de référentialisation, nous pouvons récapituler les différentes étapes de ce travail à l'aide du tableau 7.1.

Tableau 7.1 – Référentialisation et professionnalisation des acteurs

Démarche	Méthodologie	Terrain	Production
Analyse du travail et de l'environnement socioprofessionnel	Analyse documentaire Questionnaires socioprofessionnels des acteurs Entretiens Observation	Visites d'établissements, de site ou poste de travail Entretiens avec la direction et/ou les hiérarchiques Entretiens et questionnaires des acteurs concernés	**Référentiel d'emploi** *Identification et synthèse des activités et de l'emploi dans son environnement.* **Référentiel de compétences** *Repérage et déclinaison des différents « savoirs » sollicités dans la relation individu/emploi.*
Analyse des compétences et du référentiel compétences	Groupes métier Grille d'auto-positionnement	Réunions de groupes métiers Entretiens	**Référentiel de formation** *Ensemble des objectifs, programmes et contenus de formation permettant une progression pédagogique et une appropriation par l'apprenant.*
Cycle de formation	Axes prioritaires	Groupe d'acteurs (pilote ou mise en œuvre directe)	Plan de formation *Dispositif et programme*

Nous pouvons explicitement remarquer que la référentialisation s'appuie sur un important travail :

- premièrement, de conception d'outils d'enquête adaptée aux finalités et au contexte ;
- deuxièmement, de recueil de données et de réalisation de terrain ;
- troisièmement, d'analyse et de formalisation de la réalité recueillie et décryptée ;
- quatrièmement, ces différentes étapes sont en interaction, comme nous l'avons vu précédemment, mais aussi dans un principe d'itéra-

tion, c'est-à-dire de confrontation, de vérification et de validation des différentes étapes et production.

De plus, il est pertinent que chacune des étapes puisse être validée par un groupe de pilotage.

La référentialisation aboutit ainsi, dans le domaine socio-éducatif, à l'élaboration de trois référentiels : emploi, compétences, formation.

Les référentiels

Le référentiel d'activités ou d'emploi

Le référentiel d'emploi est une information de synthèse sur une activité professionnelle ou sur un métier. Il est obtenu à partir du référentiel des réalisations et activités actuelles (description du poste de travail, modalités d'exercice, compétences observées, relations à l'intérieur de l'entreprise et avec l'environnement, etc.) et du référentiel des réalisations et activités futures (prévision d'évolution des activités et des compétences requises à court ou moyen terme). Le référentiel s'attache donc à saisir les différents degrés et niveaux de l'emploi : la mission, les fonctions, les activités, voire les tâches de l'emploi, en tenant compte des environnements interne et externe, c'est-à-dire la retranscription de l'analyse de la situation professionnelle. Le référentiel d'emploi permet donc de repérer la finalité, le sens et l'activité de l'emploi.

Pour Marie-France Reinbold[1], le référentiel d'emploi est « l'identification à un moment donné, de la ou des finalités que l'entreprise veut confier spécifiquement aux titulaires de cet emploi ».

Le référentiel d'emploi s'élabore par le repérage, la description et l'analyse des :

- missions ;
- fonctions ;
- activités ;

1. REINBOLD M.-F., « Du référentiel d'emploi au programme de développement des compétences », *Actualité de la Formation Permanente*, Centre Inffo, 1996, n°143, p. 47.

– tâches ;

en lien avec :

– l'environnement externe ;
– l'environnement interne ;
– le système technique.

Guy Le Boterf[1] nous rappelle les distinctions entre les termes présentés ci-dessus :

– *La mission*, ou finalité de l'emploi « indique le service rendu de cet emploi ou de ce poste, ce que l'entreprise en attend. En d'autres termes, on s'attachera à mettre en évidence le sens de l'emploi, sa contribution spécifique aux objectifs de l'unité (département, service...) de l'entreprise ».
– *La fonction* est « la combinaison d'activités ou de tâches » regroupées en différentes fonctions complémentaires (par exemple, pour le responsable de la formation : fonction information-orientation, conseil, gestion et administration, ingénierie du plan, etc.).
– *Les activités* « indiquent ce que doit faire la personne qui occupe un emploi. Elles sont donc exprimées en terme de verbe d'action. Les activités sont à considérer dans un sens générique : on emploie le terme d'activité pour décrire un emploi type ou un emploi cible. Une activité désigne une famille de tâches similaires dans plusieurs postes de travail correspondant à un emploi ».
– *Les tâches* « désignent les opérations élémentaires à effectuer sur un poste de travail. Elles constituent l'unité élémentaire de l'acte de travail ».

Questionner la situation professionnelle, c'est donc questionner l'organisation dans une approche systémique, en resituant l'emploi dans son contexte et son environnement. L'idée fondatrice de l'approche systémique pourrait revenir à Blaise Pascal (1623-1662) lorsqu'il dit : « Je tiens pour impossible de connaître les parties sans connaître le tout ainsi que de connaître le tout sans connaître particulièrement chacune des parties ». Il ne s'agit pas d'une notion « fourre-tout », mais de chercher à dégager les différents éléments d'une

1. LE BOTERF G., *L'ingénierie des compétences*, Paris, Éditions d'Organisation, 1999, p. 189.

situation, et surtout les interrelations et interactions que ces éléments entretiennent entre eux avec notamment l'analyse des pratiques de régulation qui se mettent en place. Mais, nous rappelle Jean-François Dortier[1] : « L'approche systémique ne prétend pas affirmer les canons d'une démarche scientifique rigoureuse, elle a pour but de souligner la diversité et l'imbrication des causalités qui interviennent au sein d'un phénomène donné ».

Nous pouvons ainsi modéliser l'approche systémique des organisations à l'aide de la figure 7.2. Ainsi, toute organisation peut être pensée comme un système avec cinq sous-systèmes structurés et coordonnés vers un but commun.

Figure 7.2 – L'organisation comme système

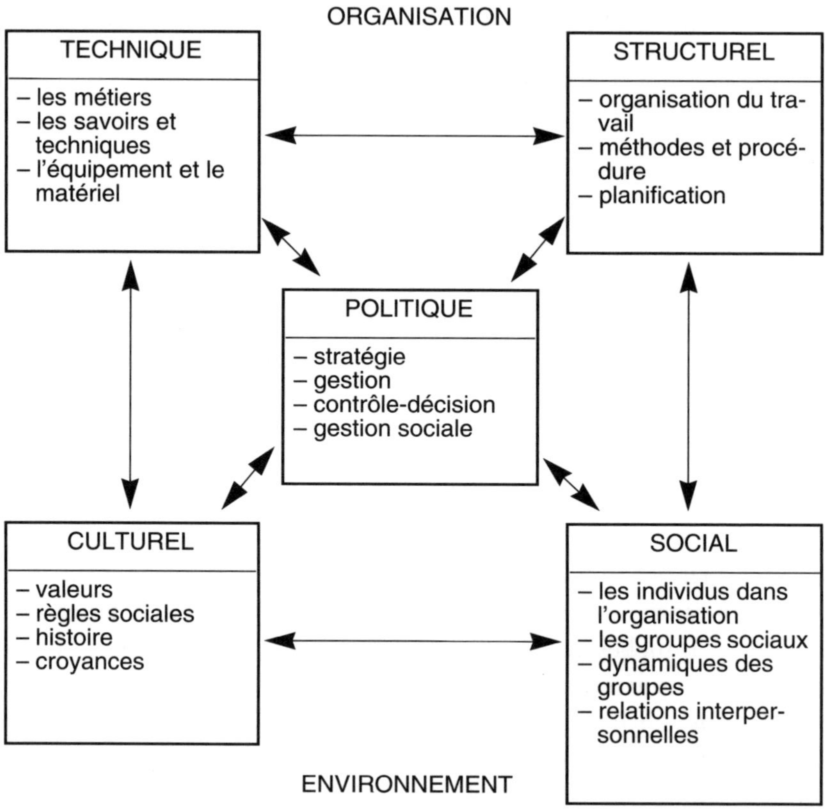

1. DORTIER J.-F., « L'approche systémique des organisations », in *Les organisations : État des savoirs*, Paris, Éditions Sciences Humaines, 1999, p. 101-105.

FICHE GUIDE N° 8

Les rubriques du référentiel métier

Si chaque référentiel est à adapter à l'organisation, un certain nombre de rubriques restent relativement constantes, nous pouvons relever[1] :

- Intitulé du métier
- Définition générale du métier
- Aspect administratif si existant ou nécessaire (statut, coefficient, grille salariale)
- Niveau de formation ou expérience
- Localisation (siège, unités, déplacements, zone géographique)
- Conditions d'exercice et équipement
- Liaisons à l'interne, liaisons à l'externe
- Les grandes fonctions ou activités
- Niveau d'autonomie et responsabilité

Éléments liés à l'élaboration et/ou à la démarche qualité : service (ou personne) créateur du document, service (ou personne) validant le document, date de création et modification.

Ces différents éléments se retrouvent dans les différents référentiels comme le ROME, ou Valipro dans le secteur hospitalier.

Le référentiel de compétences

Le référentiel de compétences est directement issu du référentiel d'activités. Il en est déduit. Il décline l'ensemble des connaissances et attitudes professionnelles mises en œuvre pour occuper un emploi. C'est donc une transcription du premier référentiel en éléments observables et déclinables en lien avec la méthode d'observation et d'analyse utilisée. Ce référentiel compétences est effectivement dépendant de la méthode usitée ; elle-même liée aux objectifs des référentiels. Une vigi-

1. L'auteur a réalisé ou accompagné méthodologiquement la rédaction de référentiels métiers pour différentes entreprises ou organisations, en France ou à l'étranger.

lance particulière est donc de mise tant dans la méthodologie utilisée que dans la retranscription en compétences afin de préserver l'individu dans son espace professionnel.

Comme nous l'avons signalé, il existe un débat important et de nombreuses définitions de la compétence. Pour ce travail opérationnel, nous avons retenu la définition de l'Afnor comme illustration de notre propos : « La compétence est la mise en œuvre de capacités en situation professionnelle qui permettent d'exercer convenablement une fonction ou une activité »[1].

De cette définition, il faut retenir trois idées majeures :

- L'articulation étroite de la compétence et de l'activité. La compétence est en effet inséparable de l'action et elle ne peut être véritablement appréhendée qu'au travers des activités par lesquelles elle s'exprime et dont elle permet la mise en forme.
- La compétence est composée d'un ensemble d'éléments en interaction dynamique les uns par rapport aux autres, connaissances, savoir-faire pratiques, savoir-faire relationnels, expérience.
- La compétence est à mettre en relation avec les situations de travail et avec les types d'organisation. La compétence mise en œuvre est donc en partie dépendante du lieu, et des moyens donnés, où elle s'exerce.

À ces trois points, nous ajoutons quatre autres dimensions importantes :

- La compétence est apprise, elle n'existe pas en soi. Elle est donc le résultat de divers apprentissages : sociaux, expérientiels, théoriques ou méthodologiques.
- La compétence comme composante de différents facteurs en interaction, s'inscrit dans le processus identitaire de l'individu.
- La compétence, pour être validée, est reconnue et socialement légitimée.
- La compétence est une construction sociale, c'est-à-dire la modélisation d'un rapport social entre l'action, l'individu et le contexte de réalisation.

Quant à la déclinaison du contenu de la compétence, nous pouvons observer que la trilogie classique : savoir (que faut-il connaître ?), savoir-faire (que faut-il maîtriser ?), savoir être (comment faut-il se comporter ?)

1. AFNOR, *Formation et terminologie*, 1992.

existe, certes sous des formes ou des appellations variées, mais est toujours présente dans l'ensemble des travaux. Ce triptyque, bien qu'imparfait et global, reste tout de même toujours d'actualité et présent dans de nombreux référentiels existants ou mis en œuvre dans les entreprises.

Le référentiel de compétences apparaît comme l'interface entre l'individu et l'emploi, c'est pourquoi le référentiel de compétences est le plus souvent directement lié au référentiel métier. Lorsque le référentiel de compétences est disjoint, c'est généralement pour dégager des points particuliers de l'activité, repérer le cœur du métier ou illustrer le niveau de maîtrise souhaité ou exigé pour l'occupation du poste.

Les fiches du ROME

Le Répertoire Opérationnel des Métiers et Emplois de l'ANPE recense l'ensemble des emplois et métiers afin de les décliner et donne le niveau de proximité des emplois entre eux.

Le ROME est ainsi constitué :

– Intitulé
– Appellations principales/Appellations spécifiques
– Définition générale
– Conditions générales d'exercice
– Formation et expérience
– Compétences communes
– Compétences techniques de base
– Compétences associées
– Capacités liées à l'emploi
– Spécificité de l'emploi ou métier
– Activités spécifiques avec activités et responsabilités exercées
– Lieu d'exercice de l'activité et conditions de travail

D'une autre manière, les compétences sont déclinées en savoirs, savoir-faire et savoir être ou techniques de base, techniques spécifiques et sociales. A ces compétences repérées peuvent être associées des niveaux d'autonomie ou de responsabilité. Ces niveaux restent à construire, à adapter et à valider avec l'entreprise ou l'organisation. Cependant, de par notre pratique, nous avons pu dégager trois niveaux :

– *Niveau A : assiste et applique.* Correspond à la reproduction d'activités (application) envisagées et organisées par d'autres. De même, la personne assiste à des réunions, rencontres ou manifestations en tant qu'auditeur.
– *Niveau B : intervient et produit.* Correspond à la production de données ou de modes de travail (production). C'est aussi une participation active dans les groupes ou réunions avec des objectifs de production (intervention).
– *Niveau C : anime et conçoit.* Correspond à la réalisation (conception) de modes de travail et de données. C'est aussi la responsabilité dans l'animation d'un groupe ou d'une réunion avec des objectifs à atteindre (animation).

En définitive, nous pouvons proposer, à titre d'illustration, la structuration du référentiel selon la Fiche Guide n° 9.

FICHE GUIDE N° 9

Le référentiel métier

Intitulé du métier (ou emploi)

Définition générale : *Q1 – Quel est l'objectif principal de votre fonction ?* *Définition de l'emploi* **Statut** *en lien avec la convention collective* **Coefficient** *en lien avec la convention collective*	
Conditions générales d'activité	
Localisation : *siège, magasin, agence*	Relations internes : *Q3 : Avec qui êtes-vous en relation à l'interne ?*
Formation et expérience : *niveau de formation, ancienneté nécessaire*	
Conditions de travail particulières : *déplacements, horaires*	Relations externes : *Q3 : Avec qui êtes-vous en relation à l'externe ?*

☞

<table>
<tr><td rowspan="2">Activités et compétences génériques
Q2, Q4, Q5</td><td colspan="3">Domaines de compétences Q2, Q4, Q5</td></tr>
<tr><td>Techniques de base</td><td>Techniques spécifiques</td><td>Sociales</td></tr>
<tr><td>Q2 : Quelles sont vos activités principales et leur répartition ?
Q4 : De quoi (matériel, connaissance, personnes) avez-vous besoin pour travailler ?</td><td></td><td></td><td></td></tr>
<tr><td>Q5 : Quelles sont les évolutions possibles ou souhaitables de votre travail ?</td><td></td><td></td><td></td></tr>
<tr><td>Compétences exprimées en verbe d'action</td><td></td><td></td><td></td></tr>
<tr><td colspan="4">Responsabilité : ici est donné le niveau de responsabilité du poste occupé et donc le niveau d'autonomie attendue
Indicateurs : repérage des principaux indicateurs qui permettent de mesurer l'activité dans le métier
Évolution professionnelle : les métiers proches du métier occupé et permettant une évolution.</td></tr>
<tr><td colspan="4">La fiche se voulant évolutive, non fermée mais correspondant à une logique d'entreprise, le service de référence est ainsi repéré et une place est laissée pour les prochaines évolutions.</td></tr>
<tr><td colspan="2">Création</td><td colspan="2">Évolution</td></tr>
<tr><td>date
◄──►</td><td>certifié service formation
◄──►</td><td>date
◄──►</td><td>certifié service formation
◄──►</td></tr>
</table>

Le référentiel de formation

Le référentiel de formation décrit les objectifs de formation et les moyens pour atteindre ces derniers. Ainsi, pour l'Éducation Nationale[1] c'est « un document qui définit les compétences attendues des candidats à un diplôme. Il précise les connaissances et savoir-faire à acquérir à cette fin et le niveau d'exigence requis. Annexé à l'arrêté créant ou modifiant le diplôme, le référentiel a un caractère réglementaire ».

Pour l'AFPA[2], il s'agit d'un « inventaire d'actes, de performances observables détaillant un ensemble de capacités liées au référentiel de métier. Le référentiel de formation se concrétise par un support comprenant en particulier la liste des objectifs, savoirs et savoir-faire nécessaires à la réalisation des activités ».

Le référentiel de formation se situe à l'interface de l'emploi, avec son analyse et sa traduction dans le référentiel d'emploi et de compétences, et l'action de formation proprement dite. Ce référentiel peut être utilisé à différent moment de la formation, il est en effet indispensable pour repérer et évaluer les acquis à l'entrée, pendant et à l'issue de la formation.

Ce référentiel est élaboré à partir du référentiel de compétences. Ce référentiel est produit par l'expertise du formateur et du pédagogue. Le formateur effectue le lien entre l'emploi, les compétences et la transposition en objectifs de formation. Le pédagogue retranscrit les objectifs de formation en objectifs pédagogiques et les inscrits, dans une progression pédagogique qu'il élabore. Ce sont eux, formateurs et pédagogues, à partir de leurs connaissances pédagogiques et d'un questionnement didactique, qui vont définir cet ensemble structuré de connaissances, de capacités cognitives, de savoir-faire, de modalités pédagogiques et de savoir être nécessaire à acquérir pour occuper l'emploi avec les compétences adéquates.

Le référentiel formation, en fonction de la nature de la formation et de son volume, est décliné de manière générale, puis pour chacun des modules (thématiques ou chapitres), puis par séquence (session ou face-

1. Les référentiels de diplômes sont publiés et consultables dans les CRDP.
2. AFPA, *L'ingénierie de formation*, Collection Repères (ouvrage et CD Rom), 1998.

à-face pédagogique). Il s'agit alors de produire les fiches descriptives de la formation, des modules et des séquences (Fiche Guide n° 10).

FICHE GUIDE N° 10

Le référentiel de formation

D'une façon générale, on retrouve dans un référentiel de formation les éléments suivants :

- THÈME : de la formation, du chapitre ou séquence.
- OBJECTIF DE FORMATION PÉDAGOGIQUES

Les *objectifs de formation* correspondent à la déclinaison des savoirs et compétences à acquérir, perfectionner ou maintenir par la formation et à mettre en œuvre dans l'activité. Les objectifs de formation sont présents dans le cahier des charges et c'est à partir d'eux que les effets de la formation pourront être évalués. Ils sont le plus souvent exprimés en verbes d'action ou sous la forme « être capable de... » en précisant les conditions ou critères dans lesquels ils se réalisent.

Les *objectifs pédagogiques* sont construits par le formateur et correspondent aux capacités et connaissances que le formé doit avoir acquis au cours des différentes séquences de la formation dans une logique de progression des apprentissages. L'objectif pédagogique sert donc à construire et à conduire l'action de formation et à évaluer les acquis.

- CONTENUS : de la formation, du chapitre, de la séquence ou du thème.
- MÉTHODES : exposé, cours, étude de cas, présentation d'expériences, travaux dirigés, mise en situation, production d'outils...
- SUPPORTS : transparents, vidéo, multimédia, tableau, grille individuelle...
- ÉVALUATIONS : intermédiaires ou finales : examen, grille auto-correctrice, auto-évaluation, dossier individuel ou collectif, QCM...

La référentialisation est donc une étape de construction importante et incontournable dans l'élaboration d'un dispositif de formation. Cet outil s'intègre tout à fait dans la démarche d'ingénierie (figure 7.3).

Figure 7.3 – Ingénierie de la relation emploi/formation [1]

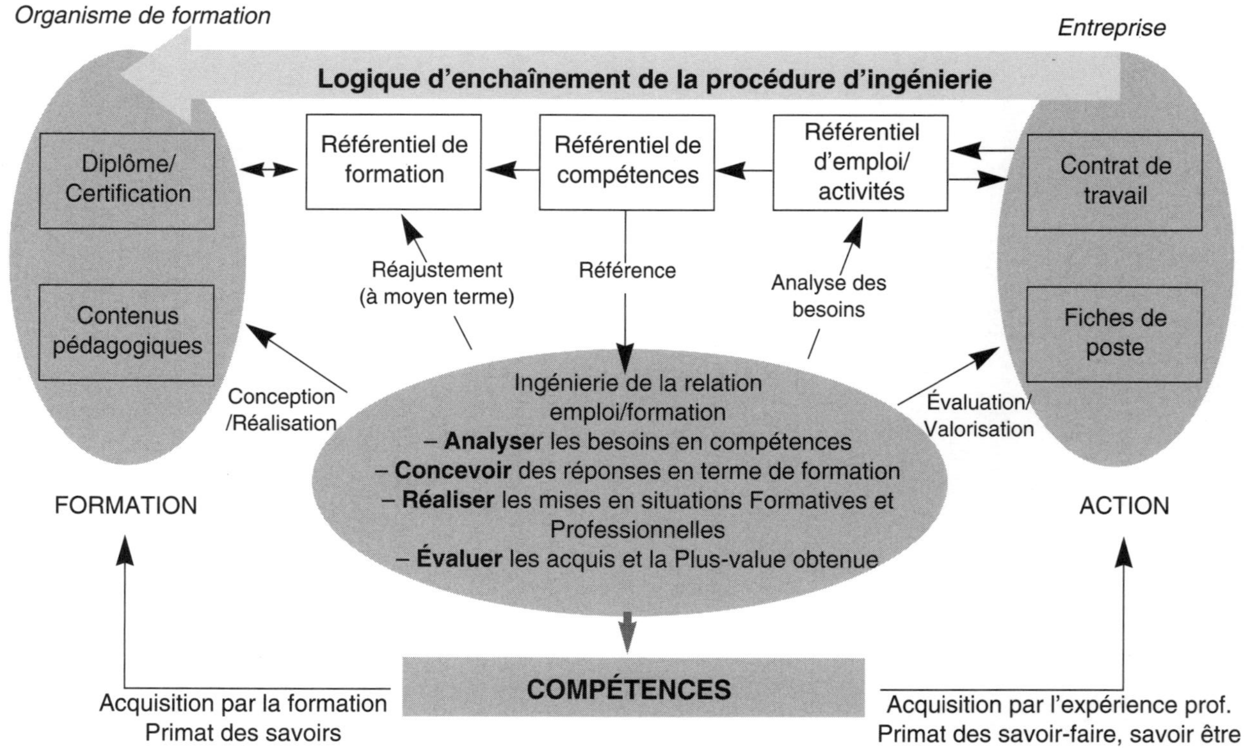

1. Ce schéma a été réalisé conjointement par l'auteur et S. Lacaille. S. Lacaille, formateur-consultant, travaille pour le groupe Quaternaire.

Regard critique des référentiels

Le fait de construire, élaborer et utiliser des référentiels ne doit pas nous empêcher d'avoir un regard critique sur ceux-ci et surtout sur leurs conditions d'utilisation.

Nous proposons un éclairage à partir d'un tableau de synthèse sur les limites et les intérêts des référentiels (tableau 7.2).

Tableau 7.2 – Approche critique des référentiels

Limites	Intérêts
Au niveau de la personne : – vocabulaire difficile, spécialisé, voire hermétique ; – risque d'enfermement dans le cas d'une utilisation autoritaire ou d'une évaluation non négociée. **Au niveau de l'emploi** : – lourdeur de la démarche ; – lisibilité des référentiels ; – complexité de la démarche et de la présentation ; – risque d'évaluation autoritaire des compétences ; – GRH plaquée sans concertation ; – référentiels utilisés de manière normative ; – existence d'une instance de régulation dans la constitution des référentiels et le suivi. Instance à faire vivre. **Au niveau de la formation :** – risque de standardisation exhaustive de la formation à l'encontre d'une différenciation pédagogique ou contextuelle ; – normalisation excessive des méthodes ; – centralisation sur les programmes au-delà de la personne.	**Au niveau des apprenants :** – reconnaissance et validation des compétences ; – évaluation formative intéressante et progressive favorisant la régulation ; – évaluation sommative explicitée et négociable ; – prise en compte par les apprenants (individus, salariés) des objectifs de formation et d'emploi et visualisation de la progression ; – engagement personnel et participation des apprenants. **Au niveau de la formation et de l'équipe pédagogique :** – précision dans les objectifs pédagogiques et les méthodes choisies ; – démarche pédagogique d'appropriation ; – support pédagogique ; – échanges pédagogiques ; – connaissance de l'environnement interne et externe. **Au niveau de l'institution :** – création d'un lexique ou d'une terminologie professionnelle ; – stabilité du référentiel pour une reconnaissance officielle de la formation ; – évaluation des dispositifs et des situations.

Pour *les limites* dans l'utilisation des référentiels, nous avons repéré des difficultés au niveau de la personne, de l'emploi et de la formation.

Pour *les intérêts*, nous avons pu relever des effets positifs au niveau de la personne, de la formation et de l'institution. Par institution, nous entendons la structure sociale du secteur professionnel, c'est-à-dire les différents partenaires sociaux (ministères, fédérations, branche professionnelle).

> Le référentiel est un outil et son élaboration par la référentialisation une méthode, et comme tout outil ou méthode, ce qui pose question est plus l'utilisation de ceux-ci que leur existence en tant que telle. Il convient donc dans la mise en œuvre de référentiels d'être vigilant dans leur élaboration et surtout dans leurs conditions d'utilisation.

Référentialisation et professionnalisation

En définitive, la démarche de référentialisation nous paraît un processus inhérent aux logiques de formation et de management par les compétences. Si cette méthodologie est effectivement intéressante et pertinente, elle n'est évidemment pas sans risque de détournement et, à l'inverse de son principe, de sclérose. Les référentiels s'inscrivent donc comme outils de la gestion des ressources humaines à différents niveaux et moments que nous pouvons repérer dans le tableau 7.3.

Tableau 7.3 – Les référentiels comme outils de professionnalisation

Les différents référentiels...	... permettent
Référentiel d'emploi	– une aide au recrutement ; – la construction de parcours d'intégration ou de mobilité professionnelle ; – des grilles d'évaluation des pratiques ; – une réflexion sur l'organisation.
Référentiel de compétences	– l'analyse des besoins en formation ; – la formalisation et la capitalisation d'expériences ; – des grilles d'évaluation des pratiques ; – le positionnement et l'évolution des salariés.
Référentiel de formation	– la construction d'outils et méthodes pédagogiques ; – la lisibilité de la formation et de donner sens à celle-ci ; – la construction d'un parcours d'apprentissage ; – la validation des acquis.

Conditions de la référentialisation

Un certain nombre de conditions sont à mettre en œuvre si l'on veut intégrer la démarche de référentialisation dans une logique positive de gestion des ressources humaines. Ces conditions sont :

- le repérage et la formalisation du système de travail ;
- l'existence de critères et d'indicateurs connus et pertinents pour l'évaluation ;
- une volonté de lisibilité et de clarté ;
- une politique d'information et de communication sur les référentiels et leur utilisation ;
- des acteurs formés pour accompagner la démarche et la hiérarchie ;
- une intégration de la démarche dans la politique GRH ;
- un suivi des référentiels et de leur évolution.

Ainsi, la relation entre la référentialisation et la professionnalisation nous paraît extrêmement intéressante et fructueuse. Cette relation existe, en effet, à trois niveaux : de l'individu, du métier et de l'institution.

Au niveau de *l'individu*, la professionnalisation est le fait d'accroître ses compétences et de passer d'un statut d'amateur à un statut professionnel, avec ce que le mot de professionnel suggère de compétences et de sérieux dans la pratique. L'ensemble des compétences, de ces différents savoirs utilisés dans l'action constitue sa professionnalité, c'est-à-dire pour François Aballéa « un savoir et une déontologie »[1].

Dans ce sens la création de référentiels emploi, compétences et formation est bien un moyen de progression professionnelle, de développement de compétences et de reconnaissance de ce savoir-faire. Par l'existence de ces référentiels, il y a aussi une lisibilité du travail réalisé, de sa spécificité et donc une forme de reconnaissance professionnelle. De même, le référentiel formation permet la construction de parcours de formation et de carrière dans le secteur professionnel considéré.

Au niveau *du métier*, la professionnalisation désigne le processus par lequel un corps de métier tend à s'organiser sur les modèles des profes-

1. ABALLEA F., *La notion de professionnalité*, Université de Rouen (ronéo), 1994.

sions établies. Pour Guy Jobert[1], « la professionnalisation est le processus faisant évoluer une catégorie de praticiens d'un statut occupationnel vers un statut professionnel ». Il y a là reconnaissance d'un métier comme entité sociale nécessaire répondant à un besoin de la société, possédant des savoirs spécifiques et s'inscrivant dans une éthique professionnelle.

Là encore, la référentialisation participe à la professionnalisation, au sens sociologique du terme comme nous venons de l'approcher, dans la mesure où par la réalisation des référentiels, il y a un positionnement social du métier et un moyen de sa reconnaissance. Il est en effet clairement identifié que cette profession, en train de se construire, nécessite des compétences, des savoirs et des « tours de main » acquis par l'expérience mais aussi par la formation qui la différencie des autres métiers. Ainsi, être ingénieur de la formation correspond à une réalité sociale et professionnelle avec des caractéristiques élaborées et construites.

Au niveau de *l'institution*, la référentialisation donne des outils, des instruments et plus globalement des moyens de régulation, de contrôle et d'évaluation de la profession et participe donc à la professionnalisation.

Il y a professionnalisation dans le sens où il y a développement de la qualification du secteur et structuration professionnelle.

Par la démarche de référentialisation, un secteur se professionnalise. Il y a, en effet, un repérage des métiers et des postes de travail qui favorise l'agencement des fonctions entre elles. D'une façon générale, par la référentialisation, c'est toute la profession qui augmente sa qualification. La référentialisation par la diffusion du référentiel d'emploi et compétences permet la répartition des tâches et missions au sein du secteur professionnel. Ce sont aussi des outils d'évaluation tant internes, pour une gestion des ressources humaines au sein d'une entreprise, qu'externes sur le marché du travail. Mais ces instruments d'évaluation nécessitent formation et discernement dans leur utilisation.

D'une manière générale, et pour bien prendre en compte les limites du référentiel ; celui-ci n'a de sens que s'il s'inscrit dans une logique dynamique offrant évaluation et évolution. Il n'est pas un instrument exclusivement normatif et de contrôle, mais il se doit d'être un outil de dialogue et de concertation.

1. JOBERT G., « La professionnalisation des formateurs, approche sociologique », *Actualité de la Formation Permanente*, Centre Inffo, 1989, n°103, p. 25-58.

CHAPITRE 8

Contractualisation et cahier des charges

LE CAHIER des charges est un instrument pertinent dans l'ingénierie de la formation. Considérant que la formation n'est pas une fin en soi, et que l'ingénierie de la formation ne se résume ni au cahier des charges, ni aux référentiels, ces « outils » sont pourtant indispensables pour une réalisation finalisée et une implication importante des différents acteurs dans un projet plus global. Le cahier des charges est donc ce document qui va faciliter et permettre la contractualisation entre le client et le prestataire, l'entreprise et le fournisseur.

Le cahier des charges de la formation s'inscrit ainsi dans le cahier des charges du projet de l'entreprise ou de l'organisation.

En reprenant les termes de l'Afnor, *le cahier des charges* est un « document rassemblant les obligations et les éléments nécessaires pour définir un besoin et les principales contraintes à respecter pour le satisfaire » (NF X50-106-2).

Et *le cahier des charges d'une action de formation* est un « document contractuel fixant les modalités d'exécution d'une action de formation. Ce document contient les éléments administratifs, pédagogiques, financiers et organisationnels pour atteindre des objectifs déterminés » (NF X50-750-1).

Intérêts de la démarche cahier des charges

La mise en œuvre d'un cahier des charges présente un certain nombre d'intérêts, tant pour l'entreprise-client, que pour le formateur-prestataire.

- *Pour le client.* La rédaction du cahier des charges amène le client à :
  - analyser son besoin ;
  - construire sa demande ;
  - définir et documenter ses exigences.

  Cette partie renvoie l'entreprise, ou le client, à formuler sa demande de formation. Elle peut s'appuyer sur la norme Afnor X50-755, « aide à l'analyse des besoins de formation ».
- *Pour le fournisseur.* La recherche de la conformité au cahier des charges astreint le fournisseur à :
  - analyser la demande et les exigences du client ;
  - évaluer ses propres capacités de réponse ;
  - rechercher avec le client les solutions pour résoudre les différences entre les exigences de la demande et les capacités de réponse.
  - concevoir les modalités, organiser et mettre en œuvre les moyens de réponse appropriée.

  Ce travail se retrouve alors dans la réponse à l'appel d'offre. Ainsi, l'existence du cahier des charges, son élaboration et sa mise en œuvre :

- renforce la régulation des actions à conduire ;
- favorise et recherche la qualité des prestations ;
- fonde des relations de confiance entre les différents acteurs.

Le cahier des charges : un document parmi d'autres

Si le cahier des charges est important, celui-ci s'inscrit dans un ensemble de documents articulés les uns aux autres, chacun ayant sa fonction. De même, chaque document renvoie à des utilisations spécifiques selon les acteurs. Les principaux documents utilisés dans la mise en œuvre de la formation sont repris dans le tableau 8.1.

Tableau 8.1 – Document en relation avec le cahier des charges (Source : d'après *Cahier des Charges en Formation*, Les essentiels, MEN, 1995)

Documents d'intention	Documents à valeur juridique	Spécifications	Outils de méthodologie ou de mise en œuvre
Protocole d'accord ou accord cadre Charte	Convention cadre Convention d'application Contrat Avenant	Cahier des charges	Référentiel(s) Guide méthodologique Guide technique

Les documents d'intention

Comme leur nom l'indiquent, il s'agit de donner ses intentions, les axes de travail en commun, le contexte d'une relation, les grandes orientations d'échanges sans contractualisation directe et effective qui amènerait des résultats spécifiques. Nous trouvons notamment ici l'accord cadre et la charte.

L'accord cadre ou protocole d'accord, est un « texte qui atteste de la rencontre de volontés en vue de produire un effet de droit recherché par les deux parties. Il se borne à poser des principes généraux »[1].

Exemple : un accord entre une branche professionnelle et l'État concernant la volonté d'organiser et de favoriser l'insertion des jeunes.

La charte est un « écrit instituant des règles fondamentales. C'est un document énonçant un ensemble d'engagements auquel un organisme déclare se conformer ». C'est le cas, par exemple, des chartes qualité ou de service. Elles engagent moralement le signataire.

1. Cette citation, et celles qui suivent, sont tirées de GUILLEN R., VINCENT J., « Lexique des termes juridiques », Dalloz, 1993, in *Le cahier des charges*, Les essentiels, MEN, 1995.

Les documents à valeur juridique

Ces documents structurent la relation et donne des indications sur les différentes modalités. Ces documents engagent les signataires. Si, dans la pratique, le terme de « convention » et celui de « contrat » sont souvent utilisés indifféremment, ils renvoient pourtant à des spécificités.

D'une façon générale, une convention se définit comme un accord passé entre deux ou plusieurs parties ou volontés (groupes, organisations) en vue de créer, modifier ou clore une obligation. Le contrat est une forme de la convention qui précise les obligations entre une ou plusieurs personnes.

Pour être valide, le contrat doit remplir quatre conditions :

- Les parties doivent avoir la capacité de contracter. Les personnes signataires sont celles effectivement autorisées, mandatées ou compétentes à le faire.
- La convention ou le contrat doit avoir une cause licite, c'est-à-dire acceptable et valide dans le cadre de la loi.
- L'objet qui forme la matière de l'engagement, doit être certain. Cet objet doit être repéré et repérable de manière explicite sans avoir à rechercher la finalité qui oblige cette contractualisation.
- L'échange nécessite le consentement verbal ou écrit pour être conclu et pour déterminer son contenu. Cependant, la formalisation écrite est toujours préférable à titre de preuve, d'engagement et de protection réciproque. Le consentement doit être exempt de vices c'est-à-dire ne pas comprendre d'erreurs (sur l'objet, les personnes ou parties, sur la légalité de l'action et du contrat), ni de dol (c'est-à-dire de mensonge ou tromperie), ni de violence (physique ou morale), ni de lésion (c'est-à-dire sur la réalité du prix ou de la valeur).

Dans les documents à valeur juridiques, nous avons donc la convention cadre, les conventions, les contrats et l'avenant à ces derniers.

La convention cadre est « un acte juridique passé entre le client et un fournisseur attestant de la rencontre de volontés de produire un effet de droit. La convention définit le cadre général de champ d'application et laisse aux instances concernées le soin de la développer par des conventions ou contrats d'application ». Ce document fixe les objectifs généraux et repère les acteurs concernés par la mise en œuvre et l'application de la convention.

La convention est un « acte juridique passé entre individus ou groupes sociaux, manifestant une volonté de produire un effet de droit quelconque, cette volonté détermine tous les éléments et effets de l'acte, sous réserve des éléments complémentaires éventuellement prévus et imposés par le droit ; ces éléments complémentaires donnent lieu à l'établissement d'un contrat ».

La convention de formation est un « contrat signé qui lie juridiquement le client et l'organisme de formation. Dans ce contrat, l'organisme de formation s'engage à réaliser et conduire, pendant une durée déterminée, une action de formation spécifique. Ce contrat stipule également les modalités que chacune des parties devra respecter ». Toute action de formation doit être organisée dans le cadre d'une convention de formation conformément à un programme. Ainsi, outre le numéro d'enregistrement du dispensateur de formation (numéro de déclaration d'existence) et la raison sociale des cocontractants, la convention doit déterminer l'intitulé et la finalité de la formation en mentionnant les différentes phases prévues (périodes, durée) pour atteindre les objectifs recherchés, ainsi que leur organisation matérielle (lieu et moyens de réalisation), pédagogique (objectif, contenu, programme) ou technique (effectif, public). La convention de formation comprend donc l'ensemble des informations juridiques, financières, administratives, pédagogiques et logistiques pour la mise en œuvre d'une action de formation. Elle lie les deux parties.

Le contrat est une « variété de convention entre deux ou plusieurs personnes faisant naître une ou plusieurs obligations ».

Le contrat de formation est un « contrat signé qui lie juridiquement le client individuel et l'organisme de formation ». Il est réglementé par le Code du travail (Livre IX).[1]

L'avenant est une modification apportée à un contrat antérieur ou à un contrat type. Il faut donc qu'il y ait eu une convention ou un contrat préalable et l'avenant complète, affine, perdure ou affine ceux-ci.

1. Voir annexe p. 230.

Convention et action de formation

Seuls les organismes de formation ayant souscrit une déclaration d'existence auprès de la DRTEFP peuvent passer des conventions de formation permettant l'imputation de ces dépenses dans le cadre du plan de formation.

Sont imputables au plan de formation les actions de formation (article L.900-2 du Code du travail) :

– Les *actions de préformation et de préparation à la vie professionnelle*, ont pour objet de permettre à toute personne sans qualification et sans contrat de travail, d'atteindre le niveau nécessaire pour suivre un stage ou pour entrer dans la vie professionnelle.

– Les *actions d'adaptation* ont pour objet de faciliter l'accès d'un salarié à un premier emploi ou à un nouvel emploi.

– Les *actions de promotion* ont pour objet de permettre à des travailleurs d'acquérir une qualification plus élevée.

– Les *actions de prévention* ont pour objet de réduire les risques d'inadaptation de qualification à l'évolution des techniques et structures des entreprises.

– Les *actions de conversion* ont pour objet de permettre à des travailleurs salariés dont le contrat de travail est rompu, d'accéder à une qualification différente ou à des travailleurs non salariés d'accéder à de nouvelles activités professionnelles.

– Les *actions d'acquisition*, d'entretien ou de perfectionnement des connaissances, ont pour objet d'offrir aux travailleurs les moyens d'accéder à la culture, de maintenir ou de parfaire leur qualification et leur niveau culturel.

– Les *actions de bilan de compétences*, ont pour objet de permettre à des travailleurs d'analyser leurs compétences professionnelles et personnelles pour définir un projet professionnel et, le cas échéant, un projet de formation.

Les actions de formation financées par les employeurs dans le cadre de la formation professionnelle continue doivent se dérouler :

- conformément à un programme ;
- en fonction d'objectifs préalablement déterminés ;
- avec des moyens pédagogiques et d'encadrement qui sont précisés ;
- et un dispositif permettant de suivre l'exécution du programme ;
- et d'en apprécier les résultats.

Les documents de spécification

Ils correspondent au(x) *cahier(s) des charges* tel que nous l'avons défini précédemment.

Les documents de méthodes et de mise en œuvre

Nous retrouverons *le référentiel*. Celui-ci décrit les exigences, critères et niveau de performances auxquels doit satisfaire une entité (emploi, poste, service...). Le référentiel est un outil de base pour la formation, l'analyse du travail ou l'audit. Nous avons aussi *les guides méthodologiques* qui décrivent les moyens et méthodes appropriés pour réaliser une action ou intervention.

Le guide technique est un document qui fournit sur un sujet donné des indications de travail et les procédures de mise en œuvre.

Le cahier des charges s'inscrit donc dans une logique de contractualisation et de formalisation de l'action dans un esprit de négociation et de clarification des attentes et rôles des différents acteurs où, dans ce marché de la formation en pleine expansion, les professionnels ont voulu se doter d'outils minimums communs par l'élaboration des normes Afnor.

Les normes Afnor de la formation professionnelle

Les premiers documents datent de 1982, par la publication de deux référentiels de normalisation. Ce sont des normes expérimentales concernant l'offre de formation et les informations à mentionner dans un catalogue de formation (X50-760) et le cahier des charges de la demande de formation par une entreprise (X50-756). Il s'agit, par ce travail et ces productions, de donner des bases d'échanges d'informations entre les demandeurs de formation et les offreurs de formation (prestataires, fournisseurs). Parallèlement à ces normes, la commission de normalisation a aussi pour mission de définir une liste de termes et concepts fréquemment utilisés dans les relations contractuelles de la formation professionnelle et qui pourraient être la base d'un vocabulaire commun (X50-750). Ce travail sur la terminologie s'est poursuivi et a donné lieu à un complément de la norme (X50-750-2). D'autres normes ont par la suite été élaborées et introduites sur le marché de la formation, comme nous le synthétisons dans les tableaux 8.2 et 8.3.

Tableau 8.2 – Les normes Afnor de la formation professionnelle

Références	Domaine d'application	Objet
X50-750 X50-751 (juillet 1996)	Terminologie	Document visant à la clarification des termes et concepts utilisés par les clients et les prestataires Donner aux partenaires en formation un vocabulaire minimum commun
X50-755 (février 1998)	Demande de formation Méthode d'élaboration de projet	Définit l'étape d'analyse des besoins en formation Étape préalable à l'élaboration d'un cahier des charges d'achat de formation
X50-756 (novembre 1995)	Demande de formation Cahier des charges de la demande	Définit un cahier des charges relatif à l'expression de la demande de formation émanant d'une entreprise et s'adressant à des prestataires de formation
X50-760 (novembre 1995)	Informations relatives à l'offre de formation	Définit les critères facilitant l'expression d'une offre de formation
X50-761 (février 1998)	Organisme de formation Service et prestation de service	Définit les caractéristiques d'un service de formation au sens du résultat des activités d'un organisme de formation ainsi que les moyens nécessaires à la réalisation du service

Ces différents éléments structurent la relation entre l'organisme de formation et l'entreprise.

Tableau 8.3 – Entre Besoin et Offre, l'articulation des normes françaises de la formation

BESOINS EN FORMATION	NORMES	OFFRE DE FORMATION
Entreprise		Prestataire
➲	NF X50-750 NF X50-751 Terminologie	⊂
➲	NF X50-755 Demande de formation Méthode d'élaboration	⊂
➲	NF X50-756 Demande de formation Cahier des charges	
	NF X50-760 Informations relatives à l'offre de formation	⊂
	NF X50-761 Organisme de formation Service et prestation	⊂

➲, ⊂ : applicable par l'entreprise et/ou l'organisme de formation.

Démarche de contractualisation par cahier des charges

Mettre en œuvre une démarche d'élaboration et d'utilisation d'un cahier des charges nécessite un certain nombre d'étapes et/ou de phases. Selon les approches ou les auteurs, nous pouvons avoir trois[1], cinq[2] ou sept étapes[3]. Le nombre exact importe peu, c'est bien la démarche qui est intéressante où, pour notre part, nous distinguons trois temps clés et sept étapes de réalisation (tableau 8.4).

Tableau 8.4 – La contractualisation en formation

Trois temps		Sept étapes
Analyse de la demande et de son contexte pour la rédaction des cahiers des charges		❶ Élaboration du cahier des charges du projet ❷ Élaboration du cahier des charges de la formation
Diffusion de l'appel d'offre et examen des propositions		❸ Pré-sélection des organismes ❹ Appel d'offre ❺ Examen des propositions
Contractualisation des parties dans le cadre du cahier des charges		❻ Sélection de l'organisme ❼ Contractualisation

Premier temps : analyse du cadre, de la demande et rédaction des cahiers des charges

❶ Élaboration du cahier des charges du projet

Cette étape correspond à l'analyse de la demande, la compréhension générale de celle-ci et à la détermination des besoins de formation (*cf.* chapitre 2). À l'issue de ce travail, qui spécifie la démarche d'ingénierie, le cahier des charges du projet est élaboré permettant de repérer les grandes orientations du projet et les principaux axes de la formation.

1. LE BOTERF G., *L'ingénierie des compétences*, Paris, Éditions d'Organisation, 1999, p. 265.
2. « L'achat de formation », *Entreprises et Carrières*, n°404, octobre, 1997.
3. Document de travail d'un groupe de responsables formation d'une branche professionnelle, *Sélection et évaluation des prestataires de formation* (ronéo), 1998.

Nous retrouvons là l'étape « analyse » de l'ingénierie. Nous voyons bien l'intérêt de construire le cahier des charges en deux parties : le cahier des charges du projet, et le cahier des charges de la formation.

Les *objectifs du travail sur la demande* et la rédaction d'un cahier des charges du projet (de formation) sont :

- avoir une première approche du contexte : entreprise, service, unité de travail ;
- appréhender et vérifier le degré d'engagement du demandeur (client, direction, responsable de service) ;
- avoir une première vision de la situation en question ;
- repérer les acteurs en jeu, les points d'appui et les points de blocage éventuels ;
- repérer et décliner les résultats souhaités ;
- rechercher les informations afin de pouvoir élaborer les hypothèses de travail, les orientations de celui-ci et les premières propositions en s'assurant que les objectifs de formation permettent de passer de la situation actuelle à la situation souhaitée.

Le questionnement doit permettre de dégager les éléments à prendre en considération avec les différents niveaux : stratégique, organisationnel et opérationnel, pour la construction du cahier des charges (Fiche Guide n° 11).

Le *cahier des charges du projet* devra fournir les informations selon trois aspects principaux :

- Historique :
  - origine du projet ;
  - contexte et état des lieux.
- Définition :
  - la finalité et les attentes ;
  - les acteurs concernés ;
  - les caractéristiques à connaître.
- Modalités :
  - moyens nécessaires ;
  - les contraintes formelles ou institutionnelles ;
  - les orientations professionnelles ou de formation ;
  - les résultats attendus.

FICHE GUIDE N° 11

Analyse de la demande (ou projet)

Questionnement pour une analyse de la demande :

- – Objet et origine ?
- – Qui formule la demande ? Place et rôle de notre interlocuteur (prescripteur, décideur, bénéficiaire) ?
- – Objectifs, enjeux, atouts et contraintes ?
- – Quel délai pour résoudre quel problème, quels moyens ?
- – Quel contexte ? Dans quelle politique générale de l'entreprise ?
- – Quelles interventions envisagées ou imaginées ?
- – Quelles situations professionnelles concernées ?
- – Quels publics, populations ou acteurs ?
- – Quelles compétences à développer ?
- – Quels résultats attendus ?
- – Quelles conditions de réussite ?
- – Quelle évaluation ?
- – Quelles réexploitations ? Dans quel cadre ?
- – .../...

Cette liste n'est bien évidemment pas exhaustive, et le jeu de questions-réponses est à adapter à chaque situation.

Cette démarche est effectuée à l'interne par le responsable de formation, de ce fait la rédaction de cette étape, comme formalisation de la demande, se doit d'être succincte et synthétique, dans la mesure où c'est le responsable de formation qui assure la suite du projet de formation. Nous retrouvons là les grilles proposées au chapitre 2. Cependant, cette étape ne doit être oubliée ni laissée sans écrits. C'est un temps de validation de la compréhension de l'objet et des orientations qui suivront.

Cette étape peut aussi être effectuée par un formateur-consultant dans le cadre d'un conseil ou d'un travail préparatoire à une action de formation un peu conséquente.

Ainsi, après avoir :

- analyser l'existant en prenant en compte le système de contraintes ;
- cerner les besoins ;
- repérer et décliner les objectifs attendus ;

le cahier des charges de la formation peut être rédigé, le plus souvent par la personne qui a en charge le pilotage de l'action, c'est-à-dire le maître d'œuvre. Le responsable doit en effet intervenir dès le début du processus, tant dans la construction que dans la formalisation des besoins. Il apporte son savoir-faire professionnel dans le domaine de la formation.

❷ Élaboration du cahier des charges de la formation

- *La rédaction du cahier des charges de la formation*

Le cahier des charges de la formation correspondant à la traduction de la demande. On l'appelle parfois le *cahier des charges de la demande* (de formation).

Le cahier des charges est un document opérationnel. Sa formulation doit être la plus précise possible et ne pas donner lieu à interprétation confuse ou ambiguë. Il doit cependant permettre différentes modalités de réponse et laisser une part d'innovation aux prestataires.

Ainsi, le cahier des charges doit posséder deux caractéristiques principales : la rigueur et la souplesse.

Rigueur

La rédaction, et la lecture du cahier des charges, doit permettre à la fois de répondre aux principes de clarté et de précision, et être adapté à chaque contexte.

Le langage est clair et accessible à l'ensemble des acteurs concernés. Il mentionne ce qui est important et déterminant pour la réalisation de l'action.

Souplesse

Le cahier des charges rassemble les obligations et les contraintes à prendre en compte pour la mise en œuvre de l'action, notamment :

- les résultats attendus ;
- les principes qui sont et resteront intangibles pendant la réalisation.

Au-delà de ces contraintes et obligations à respecter, le cahier des charges ne cherche pas à induire ni à figer :

- les démarches ;
- les techniques ;
- les modalités de mise en œuvre.

Il s'agit de dégager les axes clés et les éléments incontournables sans transformer la demande dans une commande pré-établie et fermée. Tout l'intérêt de la démarche d'appel d'offre est de laisser « la porte ouverte » aux innovations, à des modalités pédagogiques centrées sur les spécifications et apportant un regard nouveau par les professionnels de la formation.

Cette rédaction est préférable au présent, sous forme de rubriques structurées, et doit être testée et validée par la commission de l'appel d'offre ou le groupe qui aura en charge le suivi de la réalisation.

Nous pouvons alors décliner le contenu du cahier des charges avec ses principales rubriques. En effet, pour être opérationnel le cahier des charges doit indiquer un certain nombre de données. En nous appuyant notamment sur la norme Afnor X50-756, nous pouvons relever différents items (Fiche Guide n° 12).

FICHE GUIDE N° 12

Contenu du cahier des charges de la formation

Informations a minima dans le cadre d'appel à proposition

La présentation de l'entreprise :

- Statut juridique de l'entreprise.
- Adresse, coordonnées.
- Taille, les effectifs et leur répartition.
- Établissement(s) concerné(s).
- Secteur d'activité et métiers de l'entreprise.
- Les objectifs ou les axes de développement.
- L'interlocuteur ou les interlocuteurs concernés notamment le nom et la fonction du décideur de l'action, c'est-à-dire le commanditaire.
- Le nom et la fonction de celui qui recevra la proposition et qui sera chargé du suivi du dossier.

☞

Les attentes de l'entreprise :

– Les objectifs visés, les objectifs de formation et compétences attendues.

– Les axes ou domaines de formation.

– La description des futures activités des formés.

– Période et calendrier de réalisation de la formation.

– Date de début et date de fin.

– Date de retour des propositions.

– Planning prévisionnel des phases ultérieures (suite donnée, négociation, commande et réalisation).

La population concernée :

– Fonction et profil d'emploi de la ou des personnes.

– Le titre du ou des postes de travail.

– Le contenu du ou des postes de travail.

– Les effectifs concernés.

– Le niveau de formation.

– Le niveau hiérarchique.

Informations complémentaires dans le cadre de la négociation

Le cadre de l'intervention :

– Le cadre de l'intervention de l'action.

– Les grandes lignes du plan de changement et les contraintes de déroulement.

– Les modalités pour la mise en place éventuelle d'un groupe de pilotage.

– La présentation rapide du projet d'entreprise.

– Des précisions complémentaires sur la population à former concernant l'expérience professionnelle et les éléments démographiques : âge, sexe et ancienneté, ou les souhaits de l'entreprise en ce qui concerne la constitution des groupes.

L'évaluation à prévoir :

– Les indicateurs et mode d'évaluation.

– Les modalités du suivi de l'action et d'évaluation de celle-ci.

Divers et autres informations :

– La connaissance de calendrier concernant l'arrivée de nouveaux équipements ou de nouvelles méthodes de travail.

☞

– Les modalités éventuelles de choix des formateurs.

– Les modalités et moyens de communication entre le prestataire et l'entreprise.

– Les procédures relatives à la consultation (confidentialité, échéancier, forme de la réponse, modalités d'envoi et destinataire de la réponse).

Le budget : Cet élément est rarement communiqué aux prestataires externes.

• *Les caractéristiques du cahier des charges*

Le cahier des charges s'inscrit donc dans deux axes, donner et demander :

– informations à donner aux organismes de formation pour leur permettre d'établir leur proposition ;
– informations à demander aux organismes de formation pour permettre à l'entreprise d'établir une comparaison des propositions sur une même base.

Ainsi, la déclinaison du cahier des charges donne les informations nécessaires à la construction d'une offre appropriée et par là même indique les informations à recueillir en retour au-delà des informations administratives. Nous avons ainsi la possibilité d'avoir un cadre sur la nature de la réponse attendue (Fiche Guide n° 13).

L'intérêt premier du cahier des charges est bien de structurer la demande et d'engager une relation professionnelle avec les prestataires de formation, dans cette double logique de *rigueur* et de *souplesse*. Cette démarche relativement lourde doit nécessairement s'ajuster au contexte et à la prestation envisagée, tant pour les documents proposés que pour ceux demandés. Ainsi, le cahier des charges doit donc être *pertinent* par rapport à l'objet traité et utilisé en conséquence du projet comme pour les formations collectives ou des dimensions stratégiques. Il ne paraît pas adéquat pour des formations individuelles ou déjà élaborées. De même, il se doit d'être *concis* et *lisible* en étant construit pour donner l'essentiel des informations de manière claire et intelligible. Le cahier des charges est *opportun* et *congruent*, en effet, dans un esprit d'échanges et d'innovation potentielle, il convient de respecter un calendrier adapté à l'offre, permettant une réelle appropriation par l'organisme de formation voire des propositions originales et non la simple reconduction d'actions existantes. Enfin le cahier des charges engage l'organisation et le maître d'ouvrage dans ses spécifications et la mise en œuvre de la formation à venir.

FICHE GUIDE N° 13

Forme de la réponse attendue par les organismes de formation

Identification de l'organisme

- Nom, coordonnées, situation réglementaire (numéro de déclaration d'existence, statut).
- Contact pour l'action ou personne référente.
- Informations complémentaires : ancienneté, chiffre d'affaires, expérience en général et dans le domaine concerné, nombre de formateurs (dont nombre de permanents).
- Démarche qualité, label ou certification.

Réponse pour l'action

- Description de la prestation (étapes, contenu, organisation).
- Éléments pédagogiques (programme, contenu, modalités et moyens pédagogiques, évaluations).
- Les intervenants (qualifications, expérience, références, intervention dans le dispositif, souvent il est demandé de joindre les curriculum vitae).
- Les validations (attestations, labels, certifications, diplômes).

Éléments budgétaires

- Coût prévisionnel de l'action (détail par étapes, sessions, groupes ou journées).
- Répartition des coûts (frais pédagogiques, documentation, préparation, déplacements, frais de mission).

Éléments commerciaux

- Engagement sur les délais de réalisation.
- Durée de validité de l'offre.
- Conditions de règlement en cas de litige.

En définitive, le cahier des charges doit articuler plusieurs qualités, parfois antinomiques :
- rigueur et souplesse ;
- pertinence et engagement ;
- concision et lisibilité ;
- opportunité et congruence.

Deuxième temps : procédure d'appel d'offre

Une fois le cahier des charges rédigé, le maître d'œuvre organise les modalités de choix des organismes de formation par la présélection des organismes, le lancement de l'appel d'offre et l'examen des propositions.

❸ Présélection des organismes

L'entreprise, ou le commanditaire quel qu'il soit, n'a pas intérêt à diffuser de manière exhaustive ou très ouverte son projet et son cahier des charges. Cela représente tout d'abord un coût d'émission, mais surtout cela engendre un travail d'analyse qui peut très vite devenir titanesque. C'est pourquoi le demandeur a tout intérêt à réaliser une présélection des organismes de formation. Cette présélection, en fonction des critères retenus et du type d'action envisagée, peut donc être plus ou moins fermée[1]. Elle est tout de même liée à la capacité *a priori* qu'un organisme a de répondre.

Les critères que l'on peut retenir pour cette présélection sont notamment :
- la proximité ;
- la disponibilité ;
- le coût ;
- l'innovation ;
- la connaissance de l'organisme de formation ;
- son domaine d'intervention ;
- le souhait de démarrer une collaboration éventuelle.

1. Cet aspect doit cependant s'inscrire dans la réglementation des appels d'offre, notamment le Code des marchés publics.

Ce travail est le plus souvent réalisé par le maître d'œuvre, le service formation, qui a une connaissance professionnelle et expérientielle du secteur, notamment par le travail de veille et d'analyse effectué en amont (*cf.* chapitre 2, analyse de l'offre). Il peut alors, sur des critères objectifs, proposer une présélection à la commission d'appel d'offre.

❹ Appel d'offre

Pour mener à bien cette étape, selon la nature et l'importance du marché, il est intéressant de mettre en place une commission d'appel d'offre.

Commission d'appel d'offre

Cette commission, groupe de projet ou *ad hoc*, est composée d'utilisateurs finaux, de représentants de la hiérarchie, de l'acheteur de formation (responsable formation, acheteur, service financier) et de représentants de la direction ; commanditaire et signataire de la convention, ou son délégué (DRH, Direction). La représentation des utilisateurs finaux est intéressante car elle permet un ajustement de la demande et peut éviter le montage de dispositif, intellectuellement intéressant, mais peu opérationnel. Elle permet aussi d'impliquer très tôt dans le processus de formation et/ou de changement les acteurs concernés. C'est aussi un moyen de communication interne pour l'entreprise.

Cette commission a pour rôle, dans un premier temps, de valider la rédaction de l'appel d'offre, de présélectionner les organismes, de lancer l'appel d'offre puis d'analyser les dossiers de réponse. Ainsi le cahier des charges est transmis aux organismes présélectionnés avec les éléments de calendrier et éventuellement les conditions commerciales et juridiques particulières comme la confidentialité par exemple.

❺ Examen des propositions

Dans le cadre de sa mission, la commission d'appel d'offre établit une cotation par centre d'intérêts, d'importance ou d'urgences. Elle rend un premier rapport qui tient surtout compte de la conformité de la réponse, dans les objectifs et orientations stratégiques, et du rapport qualité/coût. Ce rapport concis, argumenté, précis et structuré permet au maître d'œuvre de convoquer les candidatures retenues pour une présentation orale du projet. Il ne s'agit pas de recevoir tous les candidats mais bien d'entendre les organismes les plus proches de la demande, les plus pertinents en vue de faire un choix final et définitif, et non un moment d'informations plus « commerciales ».

Exemple

Une structure de financement de la formation dans le secteur public hospitalier propose une grille en 10 points pour choisir un prestataire de formation :

1. Pérennité et références de l'organisme
2. Références des formateurs
3. Offre de formation
4. Ingénierie de formation
5. Méthodes pédagogiques
6. Expertise
7. Public de la formation
9. Documentation stagiaires
9. Implication de l'organisme
10. Coût

Troisième temps : audition des candidats et choix du prestataire

❻ Sélection de l'organisme

La commission reçoit et auditionne les candidats retenus précédemment. Après un court exposé de présentation de la part du représentant de l'organisme de formation, un jeu de questions-réponses amène à faire préciser les modalités de mise en œuvre, le niveau de compréhension de la demande et de l'organisation, et la faisabilité budgétaire. Il est important que la commission se dote pour ces entretiens d'une grille de cotation des projets afin d'objectiver son analyse.

Si chaque entreprise, ou organisation, élabore sa propre grille de lecture et de choix des organismes et des réponses fournies, nous pouvons cependant relever certains points importants (Fiche Guide n° 14).

FICHE GUIDE N° 14

Sélection des organismes de formation

Le Centre Inffo[1] propose une grille de lecture en quinze items :

1. Présentation de l'organisme
2. Perception du contexte et du problème
3. Organisme spécialisé du domaine ou du public
4. Objectifs de formation correspondant au problème posé
5. Caractère novateur de la proposition
6. Compétences des intervenants
7. Préparation de la formation
8. Déroulement pédagogique
9. Méthodes et supports pédagogiques adaptés
10. Modalités d'évaluation pédagogique
11. Suivi et accompagnement du transfert des acquis sur le poste de travail
12. Questionnements pertinents
13. Durée cohérente avec la population et les objectifs de formation
14. Coût et modalités de facturation
15. Références, label, certification, démarche qualité

Pour chacun de ces items une appréciation est donnée en quatre niveaux :

- Très satisfaisant
- Satisfaisant
- Peu satisfaisant
- Paramètre absent

Cette grille peut être utilisée à cette étape et à l'étape précédente, de manière plus ou moins affinée et selon le nombre de critères pris en compte.

1. *L'achat de formation*, Collection Guide technique, Paris, Centre Inffo, 1998.

Il existe bien évidemment d'autres grilles et d'autres modes de notation ou cotation. Comme nous l'avons vu, il convient que chaque entreprise élabore sa propre démarche en privilégiant ses critères. Cependant, il ressort globalement la nécessité de porter l'attention sur :

- la compréhension et la reformulation du problème évoqué ;
- l'adaptation aux spécificités de l'entreprise, ou demandeur ;
- la pertinence des questions et la demande d'informations complémentaires, par l'organisme de formation, nécessaires à la mise en œuvre de l'action ;
- la personnalisation de la réponse, dans le sens du repérage des interlocuteurs devant intervenir ;
- la faisabilité générale et pédagogique ;
- le respect des indications budgétaires ;
- le temps et délais de réponse de l'organisme de formation.

❼ Contractualisation

La direction des ressources humaines, la direction générale si nécessaire, ou le responsable formation, chef de projet, par délégation, réalise la contractualisation finale de l'intervention avec le prestataire. L'entreprise rédige une « lettre commande », ou une convention de formation, où sont mentionnées les conditions juridiques, commerciales, de confidentialité, comme pour toute convention de prestation de services à laquelle s'ajoute une annexe pédagogique reprenant les éléments du cahier des charges, ou le plus souvent la proposition de l'organisme de formation.

À la suite de quoi, cette dernière étape réalisée, le pilote de l'action, maître d'œuvre, diffuse l'information à toutes les personnes concernées.

Bien entendu, la mise en œuvre de cette procédure, à la fois lourde et impliquant de nombreux acteurs sur un temps conséquent, doit être totalement adaptée au type du projet. Si la démarche générale se retrouve pour toute intervention, elle est évidemment modulée et temporisée différemment s'il s'agit d'une action, d'un dispositif ou d'un système de formation. Il n'est pas concevable de mettre en œuvre l'ensemble de la procédure et des acteurs pour une action de deux jours de formation, dans des domaines techniques repérés et non directement stratégiques.

PARTIE 4

Réaliser la formation : la partie émergée de l'ingénierie

Professionnaliser les hommes au lieu de sophistiquer structures et procédures est la réponse à la complexité croissante que doivent affronter nos entreprises.

Michel Crozier[1]

LA RÉALISATION de toute formation est bien la traduction d'une volonté, que cet objectif soit individuel, personnel, collectif ou lié à la stratégie de l'organisation. Toute la démarche d'ingénierie, par ses différentes étapes – déterminer les ressorts de l'action (analyser), créer les conditions de l'action (concevoir), en vue de la mettre en

1. CROZIER M., *L'entreprise à l'écoute*, Paris, Seuil, 1994.

œuvre de manière efficace (réaliser), à la suite de quoi l'évaluation sera effectuée (évaluer) – concourt à la réussite de cet objet.

Que l'ingénieur-formation soit responsable de formation en entreprise, responsable de formation dans un organisme ou formateur-consultant, dans la mesure où il travaille dans, pour ou avec une entreprise, l'action de formation s'inscrit dans un plan de formation, et la compréhension de celui-ci et de son montage est indispensable.

Ainsi, dans l'ingénierie de formation, l'étape *réaliser* renvoie à la production du plan de formation, celui-ci s'appuyant sur une démarche avec différents « outils » exploitables. Il s'agit aussi d'assurer une veille documentaire par la production de documents adéquats et la recherche d'informations nécessaires à l'exercice du métier. Enfin, le suivi et l'information sur le plan de formation amène à produire et à utiliser des tableaux de bord.

CHAPITRE 9

Le plan de formation

TOUTE ENTREPRISE, quels que soient sa taille et son statut juridique, se doit de participer au développement de la formation professionnelle. Il n'existe pas de définition unique et univoque du plan de formation dans les textes réglementaires. Le terme de plan de formation renvoie à deux réalités différentes et complémentaires :

- Le plan de formation au sens fiscal et financier comme contribution obligatoire à la participation au développement de la formation, avec les déclarations fiscales correspondantes.
- Le plan de formation dans sa logique de gestion des ressources humaines avec la déclinaison des actions de formation et de bilan de compétences qui se retrouvent sous forme d'une « liste ».

Le plan de formation est donc un document, plus ou moins fourni et stratégique, établi par l'employeur comprenant *a minima* l'ensemble des actions de formation qui sont organisées au bénéfice du personnel de l'entreprise. Il est soumis à l'avis, donc à titre consultatif, aux représentants du personnel dans le cadre du comité d'entreprise. Pour être imputables au plan de formation, les actions doivent correspondre à certaines caractéristiques (*cf.* chapitre 8).

La participation au développement de la formation

Toute organisation se doit de participer au développement de la formation. Cette obligation passe par un financement minimal imposé par la réglementation.

• *Pour les entreprises de moins de 10 salariés*

0,15 % de la masse salariale au titre du plan de formation avec versement obligatoire à un OPCA.

• *Pour les entreprises de 10 salariés et plus*

% de la masse salariale	**Au titre de**	**Gestion par**
0,3 %	Alternance (contrat d'adaptation, de qualification, d'orientation)	OMA (Organisme Mutualisateur Agréé)
0,2 %	CIF (Congé Individuel de Formation)	OPACIF (Organisme Paritaire Agréé pour le Congé Individuel de Formation)
1 %	Plan de formation	L'entreprise en utilisation directe
		OPCA (Organisme Paritaire Collecteur Agréé)
		Trésor Public (par défaut)

Les OPCA, OMA et OPACIF sont des organismes collecteurs agissant dans une logique de mutualisation et de redistribution des fonds aux adhérents.

Les entreprises adhèrent aux OPCA en fonction de leur nombre de salariés et du secteur professionnel dont elles dépendent.

• *Pour la fonction publique hospitalière*

2,1 % au titre du plan de formation, en utilisation directe ou par versement à l'ANFH de sa région.

0,1 % pour le Congé de Formation Professionnelle (CFP), versement à l'ANFH.

☞

☞

• *Pour les agents de l'État*

2 % de la masse salariale, pour le plan de formation et la préparation aux concours.

Le congé de formation professionnelle est sur dotation ministérielle.

• *Pour les agents des collectivités territoriales*

1 % de la masse salariale, pour le plan de formation, versé au CNFPT

Le congé de formation professionnelle est pris en charge par les collectivités.

En définitive, pour toute entreprise ou organisation, le plan de formation est la partie émergée de l'iceberg formation. C'est en effet la concrétisation premièrement de la double démarche d'analyse : *descendante* – analyse et intégration de la politique de l'organisation – et *ascendante* – recueil et l'analyse des « besoins », des personnes et des services –, et deuxièmement de la conception et formalisation des actions.

Dans une logique optimale, le plan de formation se construit dans une démarche « d'investissement formation » (*cf.* chapitre 4, les pratiques de formation).

La démarche d'investissement formation

L'investissement formation, c'est coordonner et piloter :

• *Le Projet de l'entreprise :*
  – politique économique ;
  – politique sociale.

• *Les Projets de service.*

• *L'analyse des dysfonctionnements et action qualité.*

• *Le contrat individuel :*
  – à l'initiative du salarié ;
  – à l'initiative de la hiérarchie.

• *L'évolution des métiers et de l'environnement.*

Le tout dans une démarche d'ingénierie de formation.

Nous avons vu que l'ingénierie de la formation se situe dans un double axe : individu/organisation et formation/production. Cette articulation amène quatre domaines d'action pour le responsable de formation : ingénierie de parcours, ingénierie du plan, ingénierie des compétences individuelles et ingénierie des compétences collectives. Pour agir dans chacun de ces domaines, le responsable de la formation a à sa disposition une palette d'actions de formation que nous pouvons représenter par la figure 9.1.

Figure 9.1 – Ingénierie et actions de formation

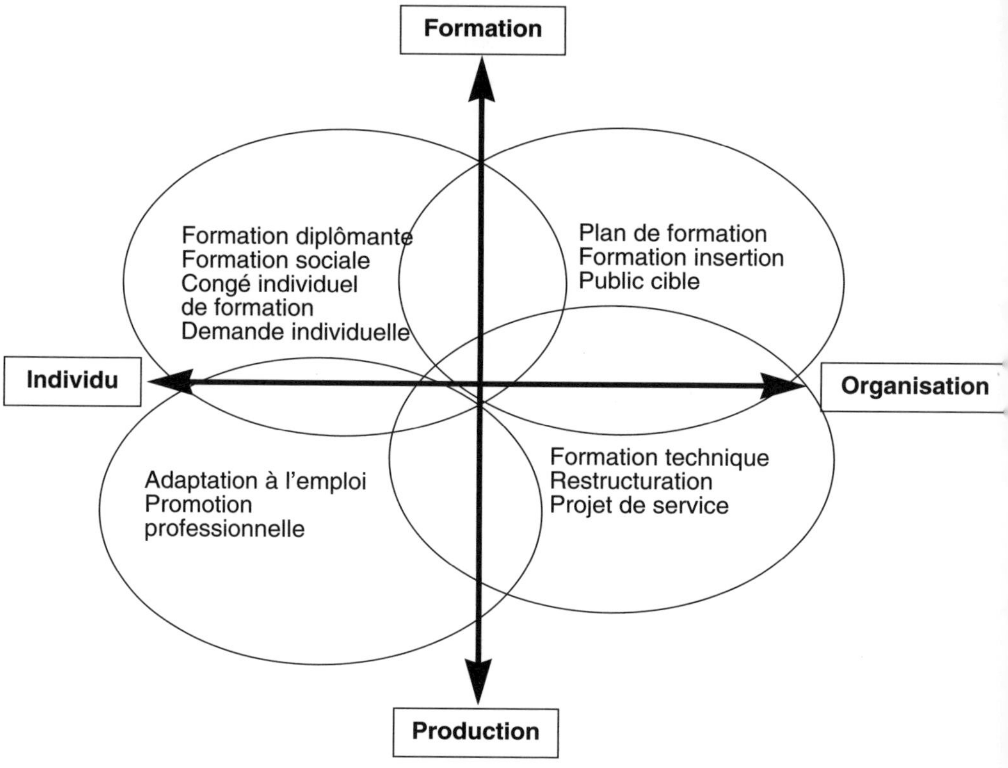

Si le travail d'un responsable de formation est, toujours, de rechercher le développement de la compétence tant individuelle que collective dans un souci de qualification, de reconversion ou d'accompagnement des projets, nous voyons bien que les actions peuvent varier.

Le plan de formation, un projet à planifier

Le plan de formation s'élabore, se construit, se réalise et s'évalue selon un ensemble d'étapes planifiées (Quand) qui amène des actions particulières (Quoi), avec des acteurs principaux en jeu (Qui) et des moyens (Comment). Nous pouvons dégager les principales opérations à effectuer pour élaborer, construire et suivre un plan de formation (tableau 9.1).

Tableau 9.1 – Le plan de formation : étapes et planification

Quand	Quoi	Qui	Comment
N - 1 Mai ❶ *Définition des objectifs*	Objectifs N et orientations de l'établissement Politique de formation	Direction Commission formation	Réunions Bilan d'étape du plan en cours Note d'informations
Juin ❷ *Identification des « besoins »*	Recensement des besoins	Service formation Cadre, personnel (agent, salarié)	Questionnaires aux cadres de service Réunions de services Fiche individuelle au personnel
Juin - Août	Projet de service	Cadres, DRH	
Septembre	Recueil et exploitation des demandes Traitement des fiches de synthèse	Service formation	Document récapitulatif
❸ *Analyse des données*	Priorisation des besoins de formation Budgétisation	Direction Service formation	Plan prévisionnel
Arbitrage - Hiérarchisation - Budgétisation	Consultation commission formation	Direction Service formation	
Octobre	Priorisation des actions de formation	Direction	

☞

☞

❹ *Mise en forme du plan* Novembre - Décembre	Proposition à la commission formation Réajustement	Direction Service formation Organisation syndicale	
	Présentation au CE	Direction Service formation	Édition du plan de formation
❺ *Présentation aux instances ou direction* Novembre - Décembre	Transmission aux cadres des services	Service formation	
	Définition des cahiers des charges Lancement des appels d'offre	Service formation	Cahier des charges
N Janvier ❻ *Communication diffusion du plan*	Information aux cadres et salariés		
Janvier - Décembre ❼ *Action - régulation* **N + 1** Janvier - Mars	Mise en œuvre des actions du plan de formation	Service formation Services concernés Personnels	Gestion informatique
	Bilan quantitatif et qualitatif	Service formation	Tableaux de bord Gestion informatique
❽ *Évaluation - bilan*	Envoi des déclarations fiscales		Fiche d'évaluation de stage

Les étapes du plan de formation

À partir du tableau 9.1, nous pouvons décliner les grandes étapes où nous retrouvons la démarche d'ingénierie de la formation.

Les étapes 1 et 2 correspondent à la phase d'*analyse* avec ses deux dimensions.

➤ Étape 1

L'étape 1 de *définition des objectifs*, correspond à la démarche descendante liée à l'identification des fondements du plan dans ses aspects politiques et stratégiques, où il s'agit de prendre en compte :

– *Les projets de changement ou d'investissement* de l'organisation. Ils correspondent à des choix volontaristes de la direction pour l'entreprise dans son ensemble ou pour une unité particulière (département, service, antenne ou agence). Ces projets s'inscrivent dans un projet global ou sectoriel de l'entreprise (projet d'informatisation, de modification du process industriel...).

– *L'évolution des métiers et des professions,* il s'agit surtout d'accompagner, voire d'anticiper, les évolutions techniques et sociales de métiers en lien avec le développement des savoirs techniques et scientifiques. C'est aussi l'accompagnement vers de nouveaux métiers ou de nouveaux savoir-faire.

– *Les problèmes* ou *dysfonctionnements* répétés (pannes, manque de qualité, retards, manque de lisibilité dans la gestion) et repérés et qui nuisent à la bonne marche de l'organisation. Il s'agit de circonscrire ces problèmes et de voir dans quelle mesure la formation peut accompagner le règlement de ceux-ci.

– *Les changements culturels.* Cet aspect s'inscrit dans une logique à moyen et long terme dans la mesure où il s'agit de modifications des valeurs, des modes de fonctionnement, de système de communication, voire des styles de vie qui se sont construits dans la durée et dans l'histoire de l'organisation et de ses personnels. Les évolutions sociétales, législatives ou de l'environnement peuvent amener des modifications culturelles, comme par exemple le développement des chartes éthiques ou du développement durable.

Ces différents points d'analyse sont les supports à l'élaboration de la politique de formation où se dégageront les objectifs généraux (*cf.* chapitre 2).

➤ Étape 2

L'étape 2 *d'identification des besoins* correspond à la démarche ascendante où sont donc analysés les attentes, besoins et demandes des services, des personnels et des individus à partir :

– des informations du service formation ;
– du recensement des demandes individuelles ;
– du recensement des actions collectives et/ou projet de service.

À chaque fois, il s'agit d'entrer dans une démarche itérative avec les personnes et les responsables, afin de bien identifier la demande et d'analyser en quoi la formation peut et va jouer un rôle. Il s'agit ainsi de :

– *Dégager la place de la formation pour la résolution des besoins.* Il s'agit d'identifier les situations problèmes, d'analyser en quoi et sur quoi la formation peut agir, et de transcrire les moyens d'action en objectifs de formation. Ces objectifs de formation doivent pouvoir dégager les objectifs attendus en terme opératoires et donc évaluables.
– *Inscrire la formation dans les évolutions professionnelles des personnes et des services.* À partir des référentiels emploi-compétences (emploi-type), des évolutions de ceux-ci (emploi-cible), il s'agit de réaliser les bilans des acquis et des compétences et/ou savoirs requis correspondant aux emplois types et aux emplois cibles. C'est cette analyse des écarts qui amènera sa traduction en objectifs de formation et en actions nécessaires.
– *Inscrire les formations dans les orientations* et respecter les cohérences dans le cadre du schéma directeur des emplois et des ressources humaines et de manière générale les liens avec la politique de formation.
– *Dégager les contraintes et les spécificités* à prendre en compte en terme de fonctionnement : types de matériel, rythmes et plans de charge, horaires, délais, disponibilité des personnels.

➤ Étapes 3 et 4

Les étapes 3 et 4 *d'arbitrage et de hiérarchisation*, se situent dans la phase de *conception* avec la nécessité de rechercher ou d'élaborer si nécessaire des référentiels, mais aussi de construire des scénarios différents ou hiérarchisés afin de dégager les faisabilités techniques et financières et de déterminer des priorités. Ces étapes sont réalisées de manière itérative où il s'agit de :

– *Localiser et décrire les actions de formation* à partir de la reprise des cahiers de charges de la demande, en prenant en compte la priorité des objectifs, les contraintes techniques, financières et pédagogiques.

– *Hiérarchiser les actions de formation* en fonction des priorités et du niveau de faisabilité. Les actions non réalisables sur le plan à venir sont classées chronologiquement. À ce moment, les actions proposées sont mises en regard avec la cohérence de l'organisation (politique générale, politiques de formation, objectifs spécifiques, culture).
– *Budgétiser les actions et le plan*, à partir de l'ensemble des cahiers des charges de la demande, le responsable de formation retire les informations qualitatives et quantitatives (nombre de personnes, types de formation, nombre de jours, nombre de sessions) nécessaires. Ces informations sont croisées avec celles sur les formations et les organismes de formation afin de réaliser le budget prévisionnel ou les *scénarios* qui permettront de décider.
– *Arrêter les actions et le plan*, c'est-à-dire transcrire le choix définitif des actions à mener et leur organisation dans le temps en vue de leur inscription dans le plan de formation.

➤ Étape 5

Tout au long des deux étapes précédentes, l'élaboration du plan de formation doit donner lieu à *consultation* auprès des représentants du personnel par le biais du comité d'entreprise. Le comité d'entreprise doit, en effet, être réuni par l'employeur, dans le cadre de la formation, *a minima* à deux reprises dans l'année :

– pour délibérer sur l'exécution de la formation du personnel de l'année (avant le 15 novembre avec fourniture des informations avant le 25 octobre) ;
– pour délibérer sur le projet de plan pour l'année à venir (avant le 31 décembre).

Le plan de formation ne peut être engagé qu'après la présentation et la délibération du comité d'entreprise. L'employeur doit pouvoir justifier de la consultation du comité d'entreprise par l'établissement d'un procès verbal de délibération. Ce dernier devant d'ailleurs être joint à la déclaration fiscale.

Le procès verbal doit mentionner :

– la date, le lieu, les participants et leur qualité ;
– le texte de la direction introduisant le débat ;

– les aspects techniques du plan, présenté par le responsable RH ou le responsable formation ;
– les remarques des représentants du personnel ;
– les avis des différentes organisations syndicales, ou le résultat du vote ;
– la signature du secrétaire du CE et du président.

Cette étape clôt la phase d'élaboration du plan et correspond à la validation de celui-ci.

Une fois les choix et orientations décidés et planifiés, les cahiers des charges sont finalisés par le service formation et la procédure de contractualisation est mise en œuvre à partir de la présélection des organismes et de la connaissance du secteur (*cf.* chapitre 3).

➤ Étapes 6 et 7

Les étapes 6 et 7 sont celles de la phase de *réalisation* avec la mise en œuvre effective des actions de formation et la communication qui s'y rattache : information de l'encadrement et des salariés sur les formations, les inscriptions et les convocations, les aspects administratifs et l'organisation générale.

➤ Étape 8

L'étape 8 est donc celle de l'*évaluation* avec ses différentes dimensions. Cette dernière, bien qu'apparaissant en dernier, doit se penser dès la conception des formations et leur intégration dans l'organisation. De même, l'évaluation est présente tout au long du processus du plan de formation.

Cette étape comprend aussi les déclarations fiscales à renseigner par les entreprises et à envoyer aux services fiscaux, soit :
– déclaration « 2483 » pour les employeurs de 10 salariés et plus ;
– déclaration « 2486 » pour les employeurs de moins de 10 salariés ;
– déclaration « 2068 » pour le crédit d'impôt formation.

Ainsi, nous voyons bien que la vie d'un plan de formation pour une année (N), phase de réalisation, se situe au minimum sur trois ans : de N - 1, phase d'analyse et de conception, à N + 1, phase d'évaluation. L'élaboration doit donc se penser sur cette temporalité en s'inscrivant elle-même le plus souvent dans un plan pluriannuel de trois ans. Il est en effet intéressant d'inscrire le plan de formation sur cette durée de trois ans, à la fois dans une logique d'anticipation et d'accompagnement des changements, et en même temps pour avoir une visibilité de la formation et de son intérêt dans une perspective stratégique. Ce plan sur trois ans amène une déclinaison annuelle devant intégrer cette durée et les besoins de l'année. Il ne s'agit pas en effet de bloquer le plan de formation dans un calendrier immuable sans possibilité d'évolution ni réactivité. Le plan doit s'inscrire dans une logique d'anticipation et de prévision, tout en permettant des actions ponctuelles nécessaires à la bonne marche du travail et de l'organisation. Il s'agit ni de travailler, et donc former, dans l'urgence, ni de rester sur un schéma bloqué. Peut-on imaginer un service d'hospitalisation qui n'accepterait que les interventions prévues et planifiées sans réaction aux nécessités de l'environnement ?

La réalisation du plan de formation s'inscrit donc dans un ensemble de huit étapes principales. Celles-ci amènent des actions différentes et diversifiées, devant prendre en compte un ensemble d'acteurs, eux-mêmes très hétérogènes avec des enjeux et attentes spécifiques (*cf.* chapitre 1). Le travail du responsable de formation est, bien entendu, de « produire de la relation » et « de tenir la tension entre les acteurs ». Le responsable de formation est un homme, ou une femme, d'interface, un médiateur avec tout ce que cela comporte d'intéressant, mais aussi de positionnement plus ou moins délicat.

Les périodes indiquées sont données à titre de repérage mais sont à adapter à chaque organisation notamment dans les relations avec les OPCA. La temporalité de la démarche doit être telle que la planification des différentes étapes ne doit être ni trop avancée dans le temps, de manière à être cohérente et de permettre une réactivité, ni trop tardive pour entrer dans une procédure d'analyse, de consultation et d'organisation du plan de formation.

Enfin, pour la mise en œuvre du plan de formation, le responsable de formation, ingénieur-formation, a, à sa disposition, un nombre conséquent « d'outils » qu'il doit adapter à sa propre organisation et à son propre système de travail tout en ayant bien conscience qu'il doit le plus souvent « courir après l'information ».

Comme nous l'avons vu précédemment, le responsable de formation n'est pas sans ressources pour élaborer le plan de formation. À lui de rechercher les documents, informations et autres observations qui seront exploités dans la logique formation. Nous pouvons ainsi proposer la synthèse des « outils pour la fonction formation » dans le tableau 9.2, sachant qu'il convient d'appréhender chaque organisation de manière spécifique.

Tableau 9.2 - Les « outils » pour la réalisation du plan de formation

Niveaux d'ingénierie Étapes d'ingénierie		Politique stratégique	Organisationnel	Opérationnel pédagogique
Phase	**Étapes du plan**			
ANALYSE	1. Définition des objectifs	✓ Projet d'entreprise ✓ Bilans sociaux ✓ Schéma directeur des emplois et ressources humaines ✓ Politique de formation ✓ Tableaux de bord de l'entreprise ✓ Budget prévisionnel ✓ Politique Qualité ou de certification		
	2. Identification des besoins	✓ Organigramme ✓ Veille réglementaire et documentaire ✓ Contrat d'Études Prospective (CEP)	✓ Réunion de services (et dans les services) ✓ Projet de service ✓ Plan prévisionnel de carrières ✓ Fiche de formation dans les services (questionnaire) ✓ Référentiels métiers et compétences ✓ Cahiers des charges des demandes	✓ Recensement individuel (si existant) ✓ Entretiens ✓ Référentiels métiers et compétences ✓ Liste des demandes

☞

☞

CONCEPTION	3. Arbitrage 4. Hiérarchisation	✓ Réunions de direction ✓ Budgets ✓ Plan(s) prévisionnel(s)	✓ Réunions de service ✓ Recherche de financements complémentaires ✓ Logiciel de gestion de projet ou d'aide à la décision	✓ Fichiers des formations et des organismes de formation ✓ Catalogues et bases de données ✓ Réseaux (interétablissements, professionnels, branche, GARF, Centre Inffo, Carif…)
	5. Consultation	✓ Réunions de la commission formation ✓ Réunions de CE		
RÉALISATION	6. Communication	✓ Plan de formation ✓ Communication institutionnelle	✓ Information dans les services ✓ Affichage	✓ Information des personnes retenues ou non ✓ Convocations ✓ Fiche d'inscription aux formations proposées
	7. Action régulation	✓ Tableaux de bord de suivi de la formation ✓ Information et communication des modifications conjoncturelles du plan de formation	✓ Autorisation d'absence ✓ Suivi administratif et financier (tableaux de bord de gestion)	✓ Cahier des charges ✓ Conventions de formation ✓ Référentiels ou programme de formation ✓ Moyens matériels et pédagogiques ✓ Fiche de présence ✓ Fiche d'évaluation « à chaud »
ÉVALUATION	8. Évaluation	✓ Tableaux de bord de suivi de la formation ✓ Information et retour aux financeurs (OPCA, FSE, État, Région)	✓ Évaluation de retour dans l'emploi ✓ Visites et entretiens dans les services ✓ Documents législatifs et réglementaires (2483)	✓ Fiche(s) d'évaluation individuelle ✓ Compte rendu des formateurs ✓ Suivi individuel des parcours

CHAPITRE 10

La veille documentaire

POUR RÉALISER le plan de formation, le responsable de formation a donc à sa disposition un ensemble important de données et d'informations à rechercher, recueillir, produire et traiter. Il doit donc assurer une veille documentaire. Celle-ci est une mission inhérente de l'activité du responsable de formation.

Par « veille documentaire », il faut entendre deux dimensions :

- La veille comme être en *état d'éveil et de vigilance*, où il s'agit d'être à l'écoute de ce qui se fait, se dit ou plutôt s'écrit dans le domaine de la formation, mais aussi du secteur professionnel de l'entreprise, c'est-à-dire de l'environnement professionnel. Cette situation amène à s'informer de deux manières complémentaires :
  - la revue de presse ;
  - les informations de base du secteur.
- La veille au sens de *conservation et gestion des informations* et documents, dans l'idée de constituer une mémoire, de pouvoir utiliser et suivre cette masse d'informations. Cette dimension regroupe deux aspects :
  - les documents produits par le responsable de formation ;
  - les documents internes d'appui de la fonction.

Ces différents éléments, synthétisés dans le tableau 10.1, correspondent à cette fonction de veille documentaire.

Tableau 10.1 – Fonction « veille documentaire » du responsable de formation (D'après T. Ardouin, D. Ducastel et K. Scelles[1])

Éveil		**Gestion et Administration**	
Revue de presse	**Informations**	**Documents produits par le responsable de formation**	**Documents internes d'appui nécessaires à l'activité**
CARIF	Fiches ROME de l'ANPE	Plan de formation	Bilan social
Revue de presse de la branche	Offre de formation du secteur ou de la branche	Entretien individuel annuel Fiches de recueil des besoins individuels	Convention collective
Bulletin des sommaires	CEP Code du travail	Demande d'inscription en formation individuelle	Règlement intérieur
Revue de presse des GRETA ou autre organisme de formation	Plaquettes et programmes des organismes de formation	Conventions de FPC Factures Outils de gestion et de suivi budgétaire	Notes de la direction Orientations internes Contrat de progrès Projets de service
Points d'actualité sur la FPC	Programme régional de formation	Cahiers des charges	Déclarations fiscales 2483,2486
	Offre de formation locale et régionale	Fiche dévaluation de fin de formation	Taxe d'apprentissage 2482
	Note d'information de l'OPCA et OPACIF	Fiche d'évaluation de retour en emploi	Documents OPCA
	Référentiels de diplômes	Feuilles de présence	
		Tableaux de bord	
		Documents d'informations aux hiérarchies et stagiaires Convocation	

1. Le tableau 10.1 s'appuie sur un travail réalisé, sous la direction de l'auteur, par deux étudiants devenus depuis respectivement responsable du secteur animation-jeunesse d'une collectivité et responsable formation dans le secteur bancaire.

Mettre en place le plan de formation nécessite de réaliser une veille documentaire stratégique qui est utilisée pour la rédaction du plan de formation.

Le plan de formation en tant que document

Si le plan de formation, en tant que document, n'est que rarement utilisé dans une dimension stratégique en lien avec les ressources humaines, il apparaît cependant pertinent de lui donner une place, et donc une forme, plus importante. Ainsi, au-delà de la « liste » obligatoire des actions de formations et des données, là encore obligatoires, de la « 2483 », il est possible de dégager des éléments clés qui traduisent la politique de l'entreprise ou de l'établissement.

Cette démarche de formalisation du plan de formation participe à la lisibilité des objectifs, à la dimension stratégique et intégrée de la formation, mais aussi au professionnalisme du service et du responsable de formation. Ce document doit être à la mesure de son objet, c'est-à-dire être construit, concis, synthétique et dynamique.

Ainsi, le document « plan de formation » n'est pas standard et doit s'adapter à l'entreprise et à la culture de celle-ci. Il doit donc être en cohérence avec la politique et les pratiques du service formation. Le plan de formation peut ainsi faire ressortir des rubriques clés :

- repérage de l'entreprise, établissement ou service ;
- information sur le service formation ;
- présentation des grandes orientations ou objectifs prioritaires donnés, et validés, par la direction, en terme de politique de formation ;
- déclinaison des objectifs prioritaires du plan ;
- déclinaison des principales caractéristiques et données du plan et des actions de formation.

Mais le plan de formation n'est pas non plus un document unique. S'il doit comprendre de nombreuses données pour le service formation, toutes ne sont pas utiles, nécessaires ou exploitables pour une présentation au comité d'entreprise. De même, en tant qu'outil de communication et de promotion de logique « d'investissement formation », le plan de formation intéresse les salariés. Le plan de formation est donc décliné en différentes versions en fonction des informations à traiter et du public auquel il est destiné. Ainsi, le plan de formation doit pouvoir répondre aux critères de gestion pour le service formation et être un moyen de communication au service du responsable de formation. Sans être dans un esprit de « camouflage », le service formation produit et utilise plus de données et d'informations que ce qu'il est nécessaire de présenter aux instances et aux salariés. Le responsable formation structure les informations dans une double logique de gestion et de communication. Ainsi, le plan de formation est un document avec trois versions (tableau 10.2).

Tableau 10.2 – Le plan de formation : un document, trois versions

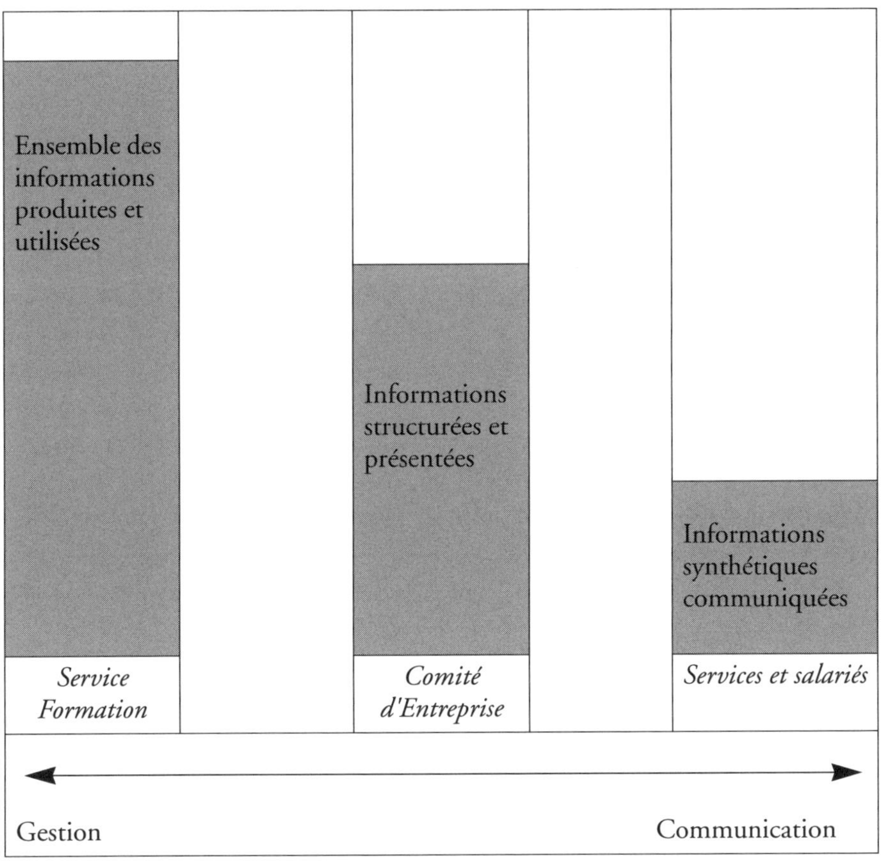

C'est par la production de documents de cette sorte que l'entreprise marque son intérêt pour la formation et que le responsable de formation révèle son professionnalisme (Fiche Guide n° 15).

FICHE GUIDE N° 15

Le plan de formation

Année N	
Établissement	**Le service Formation**
Nombre de salariés : Répartition/catégories :	Personne responsable : **Présentation au CE** (dates) :

A. Objectifs et orientations du plan

– Les orientations du projet d'établissement ou d'entreprise :

Donner les grandes lignes de la politique de l'entreprise et des évolutions.

Situer les orientations de la gestion des ressources humaines.

Énoncer les priorités.

– Plan de formation :

Annuel et/ou pluriannuel

Objectifs du plan

Donner les orientations et objectifs principaux du plan en lien avec la politique générale.

Énoncer les priorités du plan.

Orientation vers un public cible.

B. Élaboration du plan

– Méthode d'analyse des besoins :

Rappeler les modalités et modes de recueils des demandes individuelles, de service, de catégories…

Rappeler (selon le public) les modalités d'accès à l'information et l'accueil par le service formation.

☞

☞

C. Budget

Année N - 1 : bilan
Pourcentage de la masse salariale
Année N : prévisionnel
Pourcentage de la masse salariale

D. Données principales

(Bilan social de l'année N - 1 et « 2483 »)

– Heures de formation
– Répartition/catégories, public, actions
– Les actions de formation et de bilan de compétences, année N

Données en fonction des obligations et du public destinataire

Logigramme du plan de formation

Le responsable de formation, pour la mise en œuvre du plan de formation, est bien au cœur d'un réseau interne de communication et de prise de décision. Nous pouvons schématiser ce système formation par le logigramme de la gestion de la formation, tout en précisant que ce document de synthèse est le fruit de travaux avec différents responsables de formation de différentes institutions. Il ne peut donc pas être universel, mais se doit d'être perçu comme une grille de lecture de sa propre réalité et donc reconstruite par chaque responsable de formation (tableau 10.3).

Tableau 10.3 – Logigramme du plan de formation

	Étapes	Direction	DRH	Responsable formation	Responsable de service	C E Commission Formation	Salarié
❶	Orientation de la politique formation Définition des objectifs	D	C	R	-	I	-
❷	Identifications des « besoins »	-	-	R	C	-	C
❸	Analyse Hiérarchisation Budgétisation	C	-	R	-	C	-
❹	Mise en forme du plan	D	C	R	-	I	-
❺	Présentation aux instances	D	R	(R)	-	C, I	-
❻	Communication Diffusion	-	-	R	I	-	I
❼	Action de formation Régulation	EC	-	R	R, I	-	R, I
❽	Évaluation des actions	I	I	R	R	-	R
	Bilan annuel	I	I	R	-	I	-

D Décide **I** est Informé **C** est Consulté **EC** Évalue Contrôle
R Réalise (conçoit, prépare, produit) ( ) possible

Réflexion pour la qualité du plan de formation

Le plan de formation est donc tout à la fois une institution, un produit et un processus. Une institution parce que le plan de formation, par sa dimension législative et stratégique, est de plus en plus inscrit dans les politiques des organisations. Un produit par la rédaction d'un document présentant les actions et leur logique d'une part et par la réalisation effective des actions d'autre part. Un processus du fait que le plan est une construction dans la durée devant mettre en interaction de nombreux acteurs. L'ensemble de ces aspects renvoyant à la réalité de pratiques dans les organisations c'est-à-dire engageant des personnes, des collectifs de travail et les organisations.

Le plan de formation traduit de manière opérationnelle la politique de formation de l'entreprise, cette dernière étant elle-même intégrée à une politique globale. Sans entrer dans une évaluation, nous pouvons cependant repérer un certain nombre de critères qui préfigurent une réflexion pour la qualité du plan de formation.

➤ Critère de conformité

C'est souvent le premier aspect perçu, c'est-à-dire le plan respecte-t-il la réglementation en vigueur et est-il conforme aux procédures tant légales que de l'institution.

➤ Critère de pertinence

La pertinence est la qualité d'une action qui se rapporte exactement à ce dont il est question. Pour être pertinent, le plan de formation est centré sur sa mission où les actions de formation sont réalisées en vue de participer à résolution de problèmes ou de dysfonctionnements, d'accompagner des projets, de suivre et d'anticiper l'évolution des emplois et des compétences, de favoriser les parcours professionnels et de faciliter les changements culturels. La formation est bien un moyen au service de l'individu et de l'organisation.

➤ Critère de cohérence

Le plan de formation par ses objectifs, son contenu et sa mise en œuvre est en cohérence avec la politique des ressources humaines et ses différentes composantes (recrutement, gestion de carrières, parcours de professionnalisation), mais aussi avec les moyens de formation prenant en compte le contexte, les ressources et les contraintes.

➤ Critère d'efficience

L'efficience est la capacité de rendement et de performance au regard des moyens utilisés. Pour être efficient, le plan est finalisé sur des objectifs de formation identifiés où chaque action est décrite par un cahier des charges et où les modalités d'évaluation sont présentes de manière opératoire. De cette manière, il est possible de rendre compte de l'efficacité de l'action par rapport aux moyens mis en œuvre.

➤ Critère d'efficacité

Est efficace ce qui produit l'effet attendu. Pour ce faire, le plan de formation est conçu de telle sorte qu'il est possible d'appréhender ses effets d'actions. Ainsi les actions de formation sont élaborées de façon à ce que la hiérarchie soit impliquée dès l'identification des besoins, la conception des actions et surtout la lisibilité du réinvestissement professionnel. De même, les formés sont consultés et informés ainsi que les partenaires sociaux. Dans la mesure où c'est toujours l'individu qui apprend, l'efficacité de la formation repose beaucoup sur le désir de se former, l'envie d'apprendre et donc sur l'information et l'intérêt de la formation dans l'organisation.

➤ Critère d'opportunité

Est opportun ce qui convient au temps, aux lieux ou aux circonstances. La planification des actions de formation doit donc être programmée « au bon moment », c'est-à-dire ni trop tôt, ni trop tard, tant dans le temps que dans une progression pédagogique ou professionnelle. Pour ce faire, le plan doit s'inscrire dans les échéanciers des projets d'évolution, de carrière, de production, d'acquisition de matériel, de besoin de compétences ou d'innovation. Ainsi, plus les actions de formation sont pensées en amont, en lien avec les facteurs de prise de décision, plus il est possible d'organiser et de planifier celles-ci.

Ces différents éléments permettent de « boucler » la logique du plan et d'inscrire celui-ci dans un cycle où l'évaluation finale est utilisée comme un outil d'analyse pour (re)définir les objectifs. En définitive, le plan de formation est un outil dynamique et facteur de communication. Sa construction, son suivi et son évaluation s'appuient sur un ensemble de données et d'informations organisées en tableaux de bord.

Chapitre 11

Les tableaux de bord

Mettre en œuvre une démarche d'ingénierie implique de s'outiller en terme de suivi de l'action. En effet, pour pouvoir analyser, d'une part, suivre et évaluer d'autre part, l'ingénieur de formation doit se doter d'instruments de connaissance des situations. Les tableaux de bord sont alors des guides nécessaires à mettre en place. Nous verrons ici les modalités de construction, l'intérêt des tableaux de bord dans le suivi et la gestion de la formation et des éléments constitutifs des tableaux de bord.

Mais qu'est-ce qu'un tableau de bord ? Dès que l'on interroge ce terme, l'analogie avec le tableau de bord d'une voiture s'impose à nous. Que nous apprend ce tableau de bord et à quoi nous est-il utile ? Ainsi, le tableau de bord automobile nous :

- donne des informations sur l'état du véhicule (kilométrage total, niveaux d'essence, de batterie, liquide de frein…) ;
- informe sur le fonctionnement en cours (ceinture bouclée, phares allumés, vitesse, kilométrage parcouru…) ;
- donne des informations sur l'environnement (température extérieure…) ;
- signale des dysfonctionnements ou des points de vigilance par des signaux d'alerte (voyant de surchauffe, problème de freinage, niveau d'essence sur la réserve…) ;

– permet, à partir des informations, de prendre les décisions adéquates (se reposer après un temps de parcours, adapter sa vitesse aux conditions, s'arrêter pour éviter une panne plus importante…).

Il s'agit bien d'avoir un certain nombre d'informations sélectionnées afin de conduire son véhicule de manière adaptée en tenant compte de son objectif (arriver à bon port dans un temps raisonnable), de l'état du véhicule et des conditions de l'environnement.

Ainsi, le tableau de bord permet au conducteur :

– d'avoir une vision d'ensemble en instantanée du fonctionnement du véhicule ;
– de contrôler sa conduite et de ne pas se mettre en situation irrégulière ou de danger ;
– d'intervenir dès qu'une information spécifique ou d'alerte est donnée.

Objectif d'un tableau de bord

Alain Meignant nous rappelle qu'« un tableau de bord est un moyen de mise sous contrôle d'un processus et de pilotage d'une action. Il est composé d'un nombre limité d'indicateurs concernant des points sur lesquels le destinataire de l'information a effectivement un pouvoir de décision, ou au moins d'influence »[1].

Au regard de notre analogie avec l'automobile, le tableau de bord est donc un outil :

– d'information ;
– de gestion ;
– de pilotage d'action ;
– de communication.

Le tableau de bord doit donc contenir les informations nécessaires pour agir. C'est un outil d'aide à la décision à tout moment de l'action : en amont dans le choix de stratégie de formation, pendant l'action

1. MEIGNANT A., *Manager la formation*, Paris, Éditions Liaisons, 1991, p. 251.

comme moyen d'analyse d'une situation et mise en application de mesures correctrices, et enfin d'action pour mesurer et/ou évaluer l'impact. Le tableau de bord n'est donc pas un ensemble de données éparses et exhaustives, mais bien une sélection stratégique et pertinente d'indicateurs au regard des critères pris en compte.

Le tableau de bord est un instrument de pilotage. Ainsi, en ingénierie de la formation, il est important de ne pas se limiter à renseigner les tableaux seulement à partir des indicateurs liés aux obligations fiscales. Le tableau de bord n'a d'intérêt que s'il participe à la conduite et au pilotage de l'action.

Caractéristiques

Un tableau de bord doit être présenté sous une forme lisible, claire et rapide d'utilisation, qui n'empêche pas, au contraire, une certaine dimension à la fois esthétique, dans un équilibre d'ensemble. Autrement dit, le tableau de bord est un outil diffusable et diffusé, et doit pouvoir servir celui qui l'emploie plutôt que le desservir, sans être manipulateur pour autant. Les indicateurs doivent surtout être pertinents, cohérents et fiables. Mais, là encore, il n'existe pas de tableaux de bord universels, celui-ci doit donc être construit en fonction de ses objectifs, de l'environnement et de son utilisation. Il peut donc être nécessaire de réaliser plusieurs tableaux comme un tableau de suivi des actions, un autre de suivi de l'activité avec les organismes de formation ou de suivi de la formation interne. Ces différents tableaux sont alors une base pour un tableau de bord de synthèse. Compte tenu de la taille de l'entreprise, de l'organisation du service formation et des moyens techniques dont il dispose, le suivi et la gestion de la formation peuvent être réalisés à partir des outils bureautiques existants ou de progiciels.[1] Le tableau de bord étant un document de synthèse issu des informations recueillies, il est toujours possible de consolider ou de synthétiser des données détaillées, mais il est impossible de reconstituer les données à partir des consolidations ou des synthèses. Il est donc absolument nécessaire de conserver les données détaillées, selon un temps à déterminer, en vue de consultations ultérieures ou de contrôle.

1. Voir sur ce sujet le dossier « Gestion de la formation : solutions progiciels », *Actualité de la Formation Permanente*, Centre Inffo, n° 179, juillet-août 2002.

Démarche pour l'élaboration d'un tableau de bord

Comme pour toute démarche, plusieurs étapes sont nécessaires. Celles-ci sont à la fois chronologiques et itératives. L'intérêt d'un tableau de bord se mesure à son degré d'utilisation. Il convient donc de bien réfléchir à celle-ci et aux éléments premièrement que l'on utilise, et deuxièmement sur lesquels on communique.

Détermination des éléments à mesurer et à suivre

Déterminer les éléments à mesurer renvoie à rechercher quels sont les objectifs et les résultats attendus au niveau de l'activité professionnelle, des moyens mis en œuvre ou des éléments quantitatifs et financiers. C'est aussi déterminer les points de vigilance ou les données « obligatoires » à récupérer.

L'ingénieur de formation, concepteur de tableau de bord, doit donc se poser un certain nombre de questions sur ces objectifs, résultats et utilisation future. Comme le rappelle Jean-Marie Peretti[1], il n'existe pas de tableaux de bord unique et universel : « Il n'y a pas de ratios obligatoires, pas de tableau de bord type, il n'y a que des tableaux de bord particuliers à chaque organisme, à chaque entreprise dont le caractère est éminemment évolutif ». Il convient donc de s'interroger, notamment sur :

- Qu'est-ce que je veux mesurer ?
- Quelles sont les informations dont j'ai besoin actuellement ? Dont j'aurai besoin à terme ?
- Quels sont les axes de décision à prendre ? À partir de quelles données ?
- Les informations obtenues sont-elles fiables et représentatives des situations observées ?
- Ces informations sont-elles abordables dans un rapport coût/efficacité raisonnable ?
- Que dois-je communiquer ? À quel interlocuteur ?

1. PERETTI J.-M., *Ressources Humaines*, Paris, Vuibert, 1990, p. 418.

À partir de cette première étape, les grandes lignes directrices sont repérées et vont permettre de dégager les indicateurs nécessaires, pertinents et suffisants.

La création des indicateurs

Cette deuxième étape est l'étape de détermination des indicateurs et de définition de ceux-ci de manière qualitative et/ou quantitative.

Il ne s'agit pas de créer une multitude d'indicateurs, sans doute très intéressants, mais dont l'amalgame serait d'une utilisation complexe et ne faciliterait pas la vision d'une situation. Ces indicateurs sont donc peu nombreux. Il est intéressant qu'ils puissent être reliés et structurés entre eux afin de donner facilement des résultats globaux et des éléments explicatifs plus précis.

Si un *critère* est un caractère, utilisé comme repère, qui permet de distinguer une chose d'une autre et de qualifier, apprécier ou juger d'une situation ou d'une chose, un *indicateur* est un élément significatif, mesurable et observable qui permet de rendre compte de cette situation ou de cet objet.

Ainsi, Pierre Candeau[1] nous dit : « Un indicateur est un instrument de mesure se rapportant à une grandeur caractérisant un phénomène qui n'est jamais directement appréhendé, mais seulement cerné dans ses manifestations ». Et cet auteur d'ajouter : « Un indicateur s'applique à des résultats évalués en termes de quantités, de coûts, de comportements, d'attitudes ou d'opinions (...) Il adopte la forme soit de données brutes en quantité ou en francs (nombre de personnes, d'accidents, total de dépenses de formation...), soit plus généralement de ratios (rapport raisonnable entre deux grandeurs caractéristiques) ».

Pour être utilisable et pertinent, un indicateur doit avoir un certain nombre de caractéristiques :

– *La fiabilité* « est définie comme la capacité d'un indicateur à mesurer, avec une relative absence d'erreurs, le phénomène étudié, c'est-à-dire d'obtenir le même résultat si cet indicateur est appliqué dans les mêmes conditions »[2]. C'est la permanence du résultat de la mesure

1. CANDEAU P., *Audit social*, Paris, Vuibert, 1985, p. 72.
2. *Op. cit.*, p. 76.

effectuée dans le temps. C'est, par exemple, l'analyse du recensement des demandes individuelles ou le nombre de formation faisant suite aux entretiens individuels par le hiérarchique.

– *La validité* « recouvre la capacité de l'indicateur à mesurer ce qu'il est censé mesurer »[1]. Autrement dit, la mesure permet effectivement de dégager de l'information sur l'objet ou la situation étudiée. Ainsi, par exemple, l'adéquation d'une formation à un public donné est mesurée par le taux de participation de cette catégorie à ladite formation.
– *L'audibilité.* Les indicateurs doivent être en cohérence avec la culture de l'organisation et ses modes de fonctionnement et pouvoir être entendus. Ainsi, sur certains aspects comme la parité, la répartition entre catégories ou la mesure des performances économiques de la formation, il convient, selon les établissements, d'être progressif. Dans ce sens, ils doivent aussi être lisibles, c'est-à-dire produire de l'information avec une certaine simplicité de lecture de celle-ci.
– *L'utilité.* Les indicateurs doivent être utiles et utilisés. Par exemple, il est d'abord intéressant d'utiliser des indicateurs institutionnels qui sont intégrés à diverses déclarations, plutôt que de chercher à en créer d'autres moins opérationnels.

Autrement dit, il s'agit d'utiliser l'indicateur pertinent et en cohérence avec l'objectif d'information attendu. Ainsi, par exemple, vouloir mesurer la qualité d'une formation par la durée de la formation n'a qu'une validité réduite dans la mesure où il ne nous donne que peu d'informations sur la formation, son contenu, la participation des stagiaires et son déroulement.

Cela nous amène à préciser qu'un indicateur, à lui seul, n'est pas suffisant. C'est la combinaison de différents indicateurs, et leurs analyses, qui permet de dégager des éléments de compréhension d'une situation, et par là même de décision. Le résultat d'un indicateur est toujours une donnée brute qu'il convient d'analyser. C'est cette analyse qui donne du sens aux résultats.

1. *Op. cit.*, p. 77.

Exemple : Le suivi des actions de formation dans une entreprise de construction automobile

Le service formation de cette entreprise cherche à connaître les écarts existants entre les formations demandées par les services et les formations effectivement réalisées. Cette analyse a pour objectif d'appréhender les causes possibles d'écart, et d'améliorer l'élaboration et le suivi du plan de formation et son application dans les services. Pour ce faire, un tableau de bord est élaboré avec les indicateurs suivants :

– l'état prévisionnel mensuel, en nombre d'heures et en cumul (c'est-à-dire le nombre d'heures prévues entre les hiérarchiques et le service formation) ;

– le nombre d'heures engagées par les hiérarchiques (c'est-à-dire effectivement commandées par les hiérarchiques) ;

– le nombre d'heures effectivement réalisées par les salariés (c'est-à-dire les personnes réellement envoyées par les services).

Ces données sont comptabilisées mois par mois durant toute une année N. Elles permettent de dégager :

– le taux des actions réalisées/actions commandées/actions prévues ;

– le taux d'absentéisme par service, mois par mois et en cumul annuel.

Cette analyse fait apparaître un plan d'action sur-évalué dans un service, donc trop d'actions prévues et commandées pour la disponibilité réelle des salariés, et un plan d'action sous-évalué dans un autre, soit une prévision insuffisante par rapport aux actions réalisées. Ce tableau de bord, et surtout son analyse, permet de mettre en œuvre des mesures correctrices dans différents domaines en fonction des problèmes rencontrés ; soit dans l'analyse des besoins, soit dans la planification des actions, soit dans la procédure d'information aux salariés, soit dans la réactivité face à des déterminants externes.

Il existe un grand nombre de données à rechercher et à exploiter. Comme nous l'avons précisé précédemment, ce n'est pas la multiplicité des indicateurs qui donne la pertinence de l'observation, mais bien la cohérence entre les objectifs, les moyens et les données recueillies.

Dans un premier temps, il est intéressant de partir de la collecte des données légales et obligatoires et du croisement de certaines de ces données. Nous parlons ici notamment, en fonction de sa structure, de la « 2483 relative à la participation des employeurs au développement de la formation professionnelle continue », du bilan pédagogique et financier des organismes de formation ou des fiches de suivi des formations avec l'État et les Régions. Suite à cette collecte de données préexistantes, dont il faut, de toute manière, recueillir les éléments. Il est possible de les organiser et de construire ses propres grilles d'analyse.

Exemple : Suivi de la réalisation du plan de formation

Ces données servent à suivre l'activité et la mise en œuvre du plan de formation et certaines sont directement utilisables pour la déclaration fiscale. Nous avons par exemple : domaine de formation, catégorie du public ou service par rapport au :

– nombre d'heures prévues, par mois ou trimestre ;
– nombre d'heures réalisées, par mois et par trimestre ;
– nombre d'heures cumulées prévues ;
– nombre d'heures cumulées réalisées.

Et/ou :

– budget prévisionnel annuel ;
– dépenses engagées ;
– crédits disponibles ;
– cumul annuel.

Ces données permettent au responsable de formation de suivre son activité, d'avoir des états réguliers par rapport à des objectifs et de réutiliser les informations pour les dimensions administratives et légales.

Des indicateurs et ratios

Il existe un nombre illimité d'indicateurs, du plus utilisé (comme le pourcentage de la masse salariale pour la formation), au plus spécifique dans le cas d'une enquête par exemple (comme le taux de participation à une formation d'une population spécifique dans tel service par rapport à la moyenne de l'entreprise).

Dès 1979, l'AFREF[1] propose un certain nombre d'indicateurs repris notamment par Pierre Candeau, puis par d'autres auteurs par la suite (Fiche Guide n° 16).

1. Association Française des Responsables de Formation, in Candeau P., *Audit de la formation*, Paris, Vuibert, 1985, p. 240-241.

FICHE GUIDE N° 16

Indicateurs en formation

Domaines	Indicateurs
Total des dépenses de formation	• Variation dépense de formation/masse salariale • Reversement au trésor public • Évolution de la masse du budget formation
Répartition des dépenses de formation	• Écarts dans la structure des dépenses selon critères : - Catégorie professionnelle - Sexe - Service - Par heures - Âge - Ancienneté - Stages par types de salariés
Effectif formé Heures de formation	• Nombre de formés selon les critères précédents • Nombre d'heures de formation par formé
Organisation du stage	• Durée moyenne de formation par catégorie • Nombre d'heures rémunérées/heures non rémunérées • Nombre d'inscriptions par stage • Taux de participation par stage • Taux d'encadrement : nombre de formateurs/nombre de formés • Nombre d'abandons au cours du stage • Nombre d'années d'existence du stage • Nombre de formés par type de stage
Résultats de la formation	• Variation de la production après le stage • Variation de la qualité de la production après le stage • Taux de promotion dans la population formée • Taux de refus de formation
Service formation	• Coût du service formation central/coûts services formation des établissements • Coût service formation/total des dépenses de formation • Qualification du service formation

Nous voyons bien qu'un grand nombre d'indicateurs existe. Il apparaît donc nécessaire de choisir les chiffres clés et les ratios opérationnels qui permettent de comprendre une situation et/ou un contexte, et d'avoir ainsi les outils d'aide à la décision adaptés à l'environnement professionnel. Les ratios[1] que nous trouverons dans le tableau 11.1 doivent permettre de suivre les actions et la politique formation d'une part et d'étayer les choix stratégiques des décideurs d'autre part.

La liste n'est, bien entendu, pas exhaustive, chacun, à partir de son analyse et de son contexte est alors à même de travailler à construire les ratios les plus adéquats.

Tableau 11.1 – De l'usage des ratios en formation

Ratios	Utilisation et commentaires
	Sur les publics ou populations
Heures de formation par tranche d'âge/Total annuel des heures de formation	Ces ratios permettent de vérifier la répartition de la formation par tranche d'âge et donc de voir les différences éventuelles. La question de l'équité devant l'accès à la formation se pose.
Durée globale formation/Nombre de formés	Soit le temps moyen de formation par personne. Chaque formation, formé ou dispositif peut être comparé à ce temps moyen.
Nombre de formés/Effectif global	Calculé au niveau de l'entreprise, il donne la moyenne de la participation des personnels (ou d'accès) à la formation. Calculé par service ou par catégorie socioprofessionnelle, il permet la comparaison inter-service, inter-établissement ou par CSP.
Temps de formation par ancienneté dans l'entreprise/Total annuel des heures de formation	Équité et politique vers les jeunes arrivants (nouveaux diplômés ou recrutement) ? Les plus anciens sont-ils formés pour accompagner les évolutions ?
	Sur les domaines de formation
Montant budget de formation par domaine/Budget total de formation Heures de formation par domaines/Total des heures de formation	Quels sont les domaines privilégiés (en temps, en budget) ? Ces domaines correspondent-ils aux priorités ? Aux évolutions de l'organisation en terme de compétences ?

☞

1. Certains ratios sont tirés d'un document d'une branche professionnelle.

☞

Sur les métiers de l'entreprise	
Heures de formation par métier (ou CSP)/Total heures de formation Montant budget de formation par métier (ou CSP)/Montant budget total	Repérage des catégories les plus ou moins formées. Cohérence avec la politique de gestion des ressources humaines ? Équité ?
Nombre de changements de postes de travail/Nombre de formés	Ce ratio donne une indication sur l'impact de la formation sur l'évolution des personnes formées (ne pas en déduire de résultats systématiques).
Sur les actions	
Ensemble de dépenses/Nombre de formés	Ce ratio donne la dépense moyenne par personne formée. Il permet la comparaison entre différents dispositifs, public ou action.
Nombre de jours annulés/Nombre de jours au total	Ce ratio permet de repérer soit la place de la formation pour l'entreprise ou les services, soit l'efficacité de la procédure d'inscription en formation.
Ensemble des dépenses/Nombre d'heures de formation	Nous avons ici le coût d'une heure de formation.
Montant dépenses formation externe/Total dépenses formation	Cela donne la part des dépenses de formation affectée à l'externe, et donc la part de la formation interne déclarée. Se pose la question de la valorisation de la formation interne ? Répartition par catégories ?
.../...	

Une fois le choix des indicateurs effectué, en fonction des critères de l'entreprise et de l'utilisation prévue, le mode de traitement est envisagé (traitement informatique ou non) parallèlement aux modalités de recueil des données et aux moyens d'exploitation et de diffusion.

Formalisation du tableau de bord

À partir de la finalité, des indicateurs, des moyens d'analyse et de traitement, l'ingénieur de formation a une vue d'ensemble de ce que doit être le tableau de bord. Il réalise une maquette permettant de visualiser le tableau, de le tester et de le valider.

Alain Meignant[1] nous rappelle qu'il est intéressant qu'un tableau contienne différentes parties :

– *informative* sur l'action ;
– *qualitative* sur les points de vigilance ;
– *quantitative* par l'utilisation de données et indicateurs,
– *résultats* qui donnent les principaux éléments d'évaluation.

Une fois testé et validé, le tableau de bord rentre dans sa phase d'utilisation et d'exploitation.

Exemple : Le suivi des formateurs

Ce tableau de bord peut être mis en place par un organisme de formation ou un service formation d'entreprise ayant des formateurs internes ou faisant appel à des formateurs ponctuels.

L'objectif de ce tableau de bord est de repérer et de caractériser l'activité des formateurs. Il est donc nécessaire de comptabiliser un certain nombre de données, par mois ou sur l'année et pour chaque formateur, comme :

– nombre de sessions de formation ;
– nombre de journées par domaine ;
– coût salarial par jour ;
– nombre de journées et/ou d'heures de préparation imputées ;
– nombre de journées et/ou d'heures de face à face pédagogique ;
– nombre de journées formation (préparation incluse)/nombre de journée total ;
– nombre de stagiaires par session ;
– nombre total de stagiaires ;
– nombre moyen de stagiaires par session ;
– nombre d'appréciations « positives » par évaluation et par session ;
– nombre d'appréciations « négatives » par évaluation et par session.

Cet ensemble de données permet d'apprécier quantitativement l'activité d'un formateur et son intégration dans un (ou son) service. C'est aussi un outil de travail pour une réflexion qualitative sur la dimension formation du salarié ou sur la part de l'activité du formateur dans une équipe.

1. MEIGNANT A., *Manager la formation*, Paris, Éditions Liaisons, p. 255.

Utilisation et maintenance

Le tableau de bord devient un outil de gestion de la formation, de synthèse de données qualitatives et quantitatives, et de diffusion de l'information.

Il doit cependant lui-même être suivi afin de l'adapter si nécessaire et d'évaluer toujours sa pertinence et son actualité. De la même façon, un tableau de bord est un outil au service de la formation et non l'inverse, ce qui veut dire qu'il est tout à fait possible de prendre en compte des demandes non prévues initialement ou supplémentaires. La logique de tableau de bord et de suivi de l'activité ne doit pas enfermer l'action, et donc permettre une réactivité pertinente. Dans ce cas d'urgence, d'adaptation ou de demande particulière, il convient sans doute de mettre en place une procédure particulière où le service formation a toute sa place, et où la formation envisagée s'effectue après une concertation entre le hiérarchique et le responsable formation. Il s'agit de garder à ces actions le caractère ponctuel et de ne pas en faire un mode de fonctionnement.

En définitive, le tableau de bord est effectivement un instrument de l'ingénierie de la formation. C'est un outil d'aide à la décision. Il participe aux différentes étapes de l'ingénierie, puisque l'on peut le trouver dans l'analyse, la conception, la réalisation et l'évaluation d'actions, de dispositifs ou de systèmes de formation.

Ce moyen est maintenant largement favorisé par l'utilisation de l'informatique et par l'existence même de logiciels de traitement de système ressources humaines et formation. Cependant, l'ingénieur de formation doit bien garder à l'esprit le nécessaire regard critique sur ces « outils clés en main ». Il doit pouvoir garder toute latitude et ne pas se laisser enfermer dans un modèle unique. C'est la finalité et l'action qui produisent le tableau de bord et non l'inverse où il faudrait agir de telle ou telle manière afin de « rentrer » dans les rubriques du tableau de bord. L'intérêt et la réussite d'un tableau de bord reposent notamment sur une définition précise des attentes dans l'utilisation de celui-ci et sur la situation, ou action, à suivre, mais aussi sur une collaboration entre le concepteur, le destinataire et l'utilisateur.

PARTIE 5

Évaluer : une étape sans fin

Ce qui est simple est toujours faux.
Ce qui ne l'est pas est inutilisable.

Mauvaises pensées et autres, Paul Valéry

L'ÉVALUATION est partout, comme nous le rappelle Jacques Ardoino : « Dès nos plus jeunes âges, et la formation précoce de notre sensibilité, nous évaluons spontanément ce qui nous plaît ou nous déplaît, ce que nous préférons ou ce que nous aimons moins. En ce sens, évaluer est déjà lié à une faculté de discerner, reconnaître, différencier, distinguer, juger, apprécier, estimer, encore en devenir, et nous sommes progressivement amenés, de la sorte, à élaborer très tôt, individuellement et collectivement des pratiques évaluatives »[1]. Si l'évaluation est partout, serait-elle, de fait, nulle part en particulier ? Et

1. ARDOINO J., « L'intrication du contrôle et de l'évaluation », in *Pratiques de l'évaluation*, Éducations, n° 12, 1997, p. 18-20.

faudrait-il dire comme Raymond Janin, de manière un peu provocatrice que « l'évaluation est une erreur »[1] ?

S'il s'agit de concevoir l'évaluation comme un moment unique, final et déconnecté de son contexte, c'est effectivement une erreur. Disons d'emblée que l'évaluation fait partie intégrante du processus de contrôle permanent et continu lié au processus même d'apprentissage.

« Évaluer la formation, c'est donc évaluer un processus pour lequel on regardera un aspect particulier, différents aspects ou, et surtout, une combinaison d'aspects particuliers. Si l'évaluation est partout et qu'elle est multiforme, que pouvons-nous faire de cette évaluation ? »

Nous retrouvons là une interrogation exprimée par Marcel Lesne et Yvon Minvielle[2] quant aux limites de l'évaluation et au terrain de celle-ci. Ces auteurs nous disent en effet que : « On ne se pose pas le problème de l'évaluation sans prendre des risques... théoriques. Le premier de ces risques est de ne pas pouvoir donner d'horizon à la question d'évaluation. Elle devient sans limite. Le risque est réel. Il se nourrit d'un constat simple : il y a de l'évaluation dans la plupart de nos conduites sociales ». Le deuxième point tient « aux lieux » et ces auteurs de poursuivre : « Ces formations se déroulent dans des contextes économiques, politiques et culturels fort différents. Parler de l'évaluation de la formation des adultes sans préciser les données de contexte, c'est faire l'hypothèse que le problème « formation des adultes » peut être pensé comme une entité en soi, coupée de son environnement économique, politique et organisationnel [...] On ne peut pas penser une formation ou une évaluation sans penser au contexte ».

Ainsi l'évaluation est multiple et multiforme. Elle est aussi contingente dans le sens où l'évaluation réalisée sera sans doute « la moins mauvaise possible » au regard des objectifs, moyens et résultats obtenus. Il est, en effet, toujours possible de réaliser une évaluation la plus fine et exhaustive possible, mais cette dernière est-elle pertinente au regard des moyens nécessaires et de la ré-exploitation des résultats.

1. JANIN R., Responsable Département Développement des Ressources Humaines et des Organisations Rhône Poulenc, « L'évaluation est une erreur », in *L'évaluation*, Entreprises-Formation, n°70, septembre 1993, p. 36.
2. LESNE M., MINVIELLE Y., *Dix thèses sur l'évaluation en formation d'adultes*, Pour, n°56, 1977, p. 5-15.

Mettre en œuvre une évaluation amène à se poser au moins trois questions fondamentales : le « qui » de l'évaluation ? le « quoi » de l'évaluation ? et le « quand » de l'évaluation ?

L'évaluation pour qui ?

Ou, en d'autres termes, quel est le client en formation ? Des divergences apparaissent rapidement quand il s'agit de repérer le client en formation. Nous retrouvons la même problématique que dans la démarche qualité, quand il s'agit de définir le client en formation, c'est-à-dire, pour qui et sur quoi agit la formation.

Pour Françoise Leplâtre, le premier client, « c'est celui qui paye dans la mesure où si personne ne paye, il n'y aura pas de formation »[1]. Pour Pierre Candeau[2], le client est « le responsable hiérarchique du formé, celui qui constate qu'à l'issue de la formation, il y a eu un changement de comportement, que des défauts de qualité qui avaient été considérés comme importants et donnant lieu à l'envoi en formation ont été éliminés ».

Alain Meignant appelle « client » le formé (ou apprenant), mais également les personnes qui, dans son environnement professionnel, ont besoin de sa compétence. On parle alors de système-client, ce qui est intéressant, mais ne règle pas le repérage *a priori* de notre « client ».

Nous pouvons donc distinguer sept positions de personnes qui attendent des effets de la formation et pour lesquelles l'évaluation peut avoir un sens et/ou un intérêt :

- ceux qui se forment : les formés, apprenants ou les « se formant » ;
- ceux qui financent : les directions, les OPCA, les institutions publiques ;
- ceux qui emploient les personnes formées : les employeurs, les hiérarchiques ;
- ceux qui organisent la formation : les organismes de formation et différents prestataires, responsables de formation et services formation des entreprises ;

1. LEPLATRE F., « Qualité et formation : la normalisation en marche », *Flash Formation Continue*, n°431, 1996.
2. CANDEAU P., « De la conformité légale à la qualité », Conférence colloque « *Consultants et décideurs : les dimensions de l'audit* », mai 1992.

– ceux qui transmettent la formation : les formateurs, les tuteurs ;
– ceux qui accompagnent la formation : structures d'accueil et d'information ;
– ceux qui évaluent : organismes de certification, structures comptables.

La question de *l'évaluation pour qui* amène alors la question de *l'évaluation par qui.*

Évaluer quoi ?

Là encore, l'évaluation peut porter sur de nombreux objets :
– la satisfaction des stagiaires ou participants ;
– l'organisation de la formation : la logistique, le matériel, les périphériques (restauration, salles...) ;
– l'organisme de formation : son sérieux et sa réactivité, sa fiabilité, sa gestion, le respect de la convention ;
– le formateur-animateur : son contenu, l'animation du groupe, les qualités pédagogiques, sa qualification, la prise en compte du groupe ;
– la session de formation en tant que telle : son contenu technique, le déroulement et la progression pédagogique ;
– la correspondance entre les objectifs définis et la population accueillie ;
– l'acquisition de connaissances, l'évolution de compétences et les changements de comportements ;
– les résultats effectifs en milieu de travail ;
– le retour sur investissement et les retombées économiques : accroissement de parts de marché, réduction ou arrêt de dysfonctionnements, amélioration de la qualité du produit... ;
– le potentiel du stagiaire et ses possibilités d'évolution ;
– le professionnalisme du responsable de formation et de son service : par le respect des procédures, l'adéquation entre demande et réalisation, le respect budgétaire... ;
– la cohérence du système de formation avec la stratégie annoncée de l'entreprise ou des volontés politiques.

Et cette liste n'est évidemment pas exhaustive, mais fait bien ressortir que l'évaluation porte soit sur des aspects particuliers d'une formation ou sur des domaines que nous pouvons regrouper en *quatre catégories* :

– les résultats des formés ;
– l'action de formation dans sa dimension pédagogique et organisationnelle ;
– le dispositif de formation dans son élaboration et sa traduction par le cahier des charges ;
– les effets de la formation.

C'est seulement après s'être questionné sur « *évaluer quoi ?* » que viendra la question « *évaluer par quoi* ? »

Évaluer quand ?

Une autre question à se poser est, en continuité des précédentes : à quel moment se pratique, ou pratiquer, l'évaluation ? Avant, pendant, après une formation ?. Si pendant longtemps, l'évaluation renvoyait à une pratique *a posteriori* d'une action de formation, il en est tout autrement aujourd'hui. L'évaluation est de plus en plus intégrée à l'ensemble du processus de formation.

> D'une façon générale, il est nécessaire de s'interroger sur les *enjeux de l'évaluation.* Pourquoi évaluer, pour qui évaluer, pour quoi faire, autrement dit toute évaluation doit être précédée de cette question : « Qui évalue quoi par rapport à quoi, pour qui et pour quoi faire ? ».

Cependant, nous avons toujours à l'esprit un parti pris éthique de l'évaluation où nous rejoignons l'approche de Guy Avanzini[1] lorsqu'il écrit : « L'évaluation doit se concevoir comme solidaire d'une philosophie de l'exigence de la promotion des personnes, de l'éducabilité de tous. Elle doit se placer et se comprendre au sein d'une relation spécifique, dont elle est un langage qui établit, entre l'évaluateur et l'évalué,

1. AVANZINI G., Préface in Delorme C. (dir.), *L'évaluation en questions*, 5e édition, Paris, ESF, 1994, p. 13.

un mode de communication qui soit clair aux yeux de l'un et de l'autre ». Même si cette préface s'adresse au monde de l'éducation et à la scolarité des élèves, nous pouvons transposer cet impératif éthique à la formation et aux situations qui nous concernent.

Ainsi, les rapports entre évaluation et formation posent de nombreuses questions. L'évaluation renvoie aux actions et aux dispositifs de formation, mais aussi à la prise en compte du niveau individuel.

Ni technicien aveugle et réducteur, ni dramaturge apocalyptique et angoissé, l'évaluation s'inscrit dans nos pratiques et il s'agit de se poser en professionnel, c'est-à-dire en praticien réfléchi où « aborder le problème de l'évaluation, c'est nécessairement toucher à tous les problèmes fondamentaux de la pédagogie. Plus on pénètre dans le domaine de l'évaluation, plus on prend conscience du caractère encyclopédique de notre ignorance, plus nos certitudes sont remises en question. Toute question posée en entraîne d'autres. Chaque arbre en cache un autre et la forêt paraît immense ».[1]

Le travail, dans ce chapitre, nécessite de faire une distinction entre l'évaluation de la formation et l'évaluation en formation.

L'évaluation en formation renvoie aux processus de régulation des apprentissages où nous retrouvons principalement le contrôle de la performance, le contrôle des connaissances et de la maîtrise des savoirs, et l'évaluation formative. L'évaluation en formation correspond donc à la dimension pédagogique de la formation et des systèmes d'apprentissage[2].

L'évaluation de la formation est pour l'Afnor « L'opération ayant pour objet la production d'un jugement de valeur de la formation à partir de résultats mesurables. Elle permet de vérifier si les objectifs de la formation ont été atteints »[3]. L'évaluation de la formation travaille aussi bien sur l'analyse, et la valeur, des trajectoires individuelles que sur les systèmes de formation.

1. KETELE J.-M., Préface in Cardinet J., *Évaluation scolaire et pratique*, Bruxelles, De Boeck, 1986, p. 5.
2. Cet aspect n'est pas l'objet de ce présent ouvrage.
3. AFNOR, *Formation Professionnelle - Terminologie*, X50-750, Paris, Afnor, 1992.

CHAPITRE 12

Qu'est-ce qu'évaluer ?

NOUS AVONS VU dans l'introduction que l'évaluation est multidimensionnelle et multiforme. De même, les termes évaluer et évaluation ont évolué dans le temps.

Si la définition la plus courante de l'évaluation est de Tyler et date de 1942 : « Opération qui mesure l'écart entre un objectif prédéterminé que l'on poursuit et le résultat obtenu »[1], le terme évaluation, ou le verbe, a en effet plusieurs sens. Évaluer c'est :

- *vérifier* la présence de quelque chose d'attendu ou connu ;
- *situer* quelque chose, ou quelqu'un, par rapport à un niveau, une cible ou un seuil ;
- *juger* la valeur de quelque chose, voire quelqu'un.

Et Charles Hadji[2] nous rappelle aussi que ce terme, évaluation, a évolué dans le temps et dans les travaux tant des chercheurs que des praticiens. Tout d'abord,

E = M

Évaluer c'est Mesurer

1. Cité par BONNIOL J.-J., *À la recherche de la qualité : fonctionnements par objectifs et évaluation*, Université Aix-en-Provence (ronéo), 1986.
2. HADJI C., *L'évaluation, règles du jeu*, 6e éd., Paris, ESF, 2000 (chap. 1).

c'est-à-dire faire état de quelque chose de manière quantitative en utilisant des outils de mesure à notre disposition. L'évaluation aboutit alors à des résultats existants en tant que tels. Puis,

$$E = (P/O)$$

Évaluer c'est déterminer la congruence[1] entre la Performance et les Objectifs, où l'on cherche à vérifier l'efficacité, voire l'efficience, de l'action menée, c'est-à-dire les résultats sont-ils à la hauteur des objectifs annoncés au regard des moyens mis en œuvre. Enfin,

$$E = J\,P$$

Évaluer, c'est donner un Jugement Professionnel

À partir des mesures effectuées et de l'analyse de celles-ci sur l'efficacité de l'action, l'évaluateur portera un avis avec un recul professionnel. Il apporte un plus à la mesure et la situe dans une dynamique.

Ainsi nous rejoignons Charles Hadji lorsqu'il écrit : « L'évaluation est l'acte par lequel on formule un jugement de valeur portant sur un objet déterminé (individu, situation, action, projet...) par le moyen d'une confrontation entre deux séries de données qui sont mises en rapport :

- des données qui sont de l'ordre du fait et concernent l'objet réel à évaluer (*le référé*) ;
- des données qui sont de l'ordre de l'idéal et qui concernent des attentes, des intentions ou des projets s'appliquant au même objet (*le référent* ou *référentiel*). »

Nous retrouvons ces éléments dans différents travaux d'auteurs comme André De Perreti[2] lorsqu'il écrit : « L'évaluation est une démarche opératoire par laquelle on apprécie une réalité donnée en référence à des critères déterminés (jugement de valeur) ; en d'autres termes, opération qui mesure l'écart entre un résultat et un objectif, et en recherche les causes. Elle peut avoir lieu par consultation, individuellement ou en groupe ou de façon mixte ».

1. La congruence, terme issu des mathématiques et de la chirurgie, désigne la qualité d'une relation dont les deux parties s'adaptent parfaitement.
2. DE PERRETI A., *Encyclopédie de l'évaluation en formation et en éducation*, Paris, ESF, 1998.

Le modèle CIPP de Stufflebeam

Mais, à partir des travaux de D.L. Stufflebeam (1980), où nous dit Charles Hadji : « On ne peut définir de façon adéquate le système qui sera l'objet de l'investigation que par référence aux décisions susceptibles d'être prises. Et selon les types d'objectifs d'évaluation découlant des types de décisions à prendre, on pourra spécifier des niveaux d'investigation », cette évaluation n'est pas seulement un ensemble de constats, mais aussi *un moyen de prise de décision* comme nous le précise Jean-Marie De Ketele[1] : « Évaluer signifie examiner le degré d'adéquation entre un ensemble d'informations et un ensemble de critères adéquats à l'objectif fixé, en vue de prendre une décision ».

Le modèle de Stufflebeam (tableau 12.1) reprend pertinemment le repérage des différents éléments : contexte, intrants, processus, et produit, dans une approche d'ensemble de type systémique.

Depuis, la notion de décision, « le paradigme de l'évaluation au service de la décision »[2] est nouvelle et importante, elle est développée notamment par l'Université de Louvain la Neuve[3] : « Cette notion de décision à prendre est essentielle et permet de différencier le processus d'évaluation du processus de recueil d'informations qui n'est qu'un sous-ensemble de l'évaluation ».

Ainsi, pour poursuivre la logique de présentation proposée par Charles Hadji, et reprise précédemment, nous pouvons dire maintenant que :

$$E = D/JP$$

Évaluer, c'est décider à partir d'un jugement professionnel

1. DE KETELE J.-M., *Observer pour éduquer*, Berne, Peter Lang, 1980. Également repris dans DE KETELE J.-M., GERARD F.-M., ROGIERS X., « L'évaluation et l'observation scolaires - deux démarches complémentaires », in *Pratiques de l'évaluation*, Éducations n°12, 1997, p. 33-37.
2. DE KETELE J.-M., *L'évaluation conjuguée en paradigmes*, Revue Française de Pédagogie, 1993, n°103, p. 59-80. Cet article permet aussi d'aller plus loin dans une approche historique des dix dernières années.
3. DE KETELE J.-M, GERARD F.-M., ROGIERS X., « L'évaluation et l'observation scolaires - deux démarches complémentaires », in *Pratiques de l'évaluation*, Éducations n°12, 1997, p. 33-37.

Tableau 12.1 – Le modèle CIPP de Stufflebeam[1] : Context, Inputs, Processus, Product (d'après D. L. Stufflebeam *et al.*, *L'évaluation en éducation*, in C. HADJI, *L'évaluation, règles du jeu*, 6e éd., Paris, ESF, 2000)

Types sortes d'évaluation	Champ concerné	Types de décisions à fonder
Contexte (*Context*) États des choses au moment où s'enclenche le processus	• Le système total • Pressions s'exerçant de l'extérieur sur le système • L'environnement en cause • Problèmes à résoudre • Besoins à satisfaire et occasions favorables à saisir	Décisions de planification (fins projetées) Détermination des objectifs
Intrants (*Inputs*) Choses qu'il faut pour maintenir ou produire un état de choses souhaité	• Ressources disponibles • Réponses possibles : actions exécutables en réponse à des besoins • Stratégies à mettre en œuvre pour atteindre les buts	Décisions de structuration (moyens projetés) Délimitation des procédures (structures de projets)
Processus (*Processus*) Ce qu'il faut faire avec les intrants	• Actions mises en œuvre • Ce qui se passe dans les faits	Décision de mise en application Mise en œuvre et contrôle du plan d'action (moyens réels)
Produit (*Product*) Ce qui est obtenu après l'action des intrants	• Résultats obtenus par les stratégies mises en œuvre • Effets des efforts de changement	Décisions de révision Jauger les réalisations et y réagir (Poursuivre, modifier ou interrompre l'action en fonction du degré d'atteinte des objectifs)

Autrement dit, évaluer n'a plus seulement comme au départ la seule ambition de mesurer, ni par la suite d'émettre un jugement, aussi

1. STUFFLEBEAM D.L. *et al.*, *L'évaluation en éducation et la prise de décision*, Édition NHP, Ottawa, 1980.

professionnel soit-il, mais d'être un outil au service de l'action et donc de permettre une décision. L'évaluation s'inscrit de plus en plus en dynamique avec une logique régulatrice et formative qu'uniquement de vérification-contrôle.

Pour D.L. Stufflebeam, repris par Jean-Marie De Ketele[1] : « Le but de l'évaluation n'est pas de prouver, mais d'améliorer ». De ce fait, l'évaluation n'est pas le contrôle et va au-delà de la « simple » mesure de conformité. Cette prise de décision se retrouve à chacun des niveaux, contexte, intrants, processus ou produit, vu précédemment amenant, en fonction du niveau concerné, planification, structuration, application ou révision.

L'évaluation

Ainsi, l'évaluation en donnant de la valeur, en portant un jugement et en étant un moyen d'aide à la décision ne peut être que qualitative comme nous le rappelle Charles Hadji (1989) : « Il n'y aura d'évaluation qu'au moment où émerge le qualitatif dans le quantitatif. En ce sens, il n'existe d'évaluation que qualitative. »

Cette approche est depuis régulièrement reprise par les différents auteurs travaillant sur l'évaluation et notamment ceux travaillant sur la formation comme André Guittet[2] qui nous dit : « Le terme évaluation présente un sens beaucoup plus large que le mot mesure. L'évaluation comprend à la fois des descriptions quantitatives et qualitatives, des jugements de fait sur les performances et des jugements de valeurs qui établissent des préférences, des choix particuliers ».

Évaluer est un processus

Si évaluer est bien de donner une valeur en partant d'une mesure, c'est aussi, et surtout, un *processus* sur lequel s'appuie l'évaluation « évaluer

1. DE KETELE J.-M., *L'évaluation conjuguée en paradigmes*, Revue Française de Pédagogie, 1993, n°103, p. 59-80.
2. GUITTET A., *Développer les compétences par une ingénierie de la formation*, Paris, ESF, 1994.

est un processus... c'est certes donner une valeur, que ce soit la justesse de la mesure d'un paramètre biologique ou donner le prix de revient d'une journée ; mais c'est aussi lancer un processus pour savoir si cette valeur fait évoluer un ou plusieurs paramètres. Pour qu'il y ait évaluation, il faut donc pouvoir définir le produit ou le service »[1].

Nous retrouvons, là encore, cette même approche chez Jean-Marie De Ketele, François-Marie Gérard et Xavier Roegiers[2] lorsqu'ils disent : « L'évaluation est donc un processus qui commence quand on se fixe un objectif à atteindre, et qui se termine quand on a pris une décision en rapport avec cet objectif ». Mais ces auteurs d'ajouter « Cela ne signifie pas que le processus global se termine avec la décision. Au contraire, celle-ci marque le début du processus de rétroaction qui est tout aussi important que l'évaluation ».

Mais, pour se faire, l'évaluation doit être une rupture où il est nécessaire de se mettre à distance de l'objet étudié : « Quand j'évalue, je commence par m'éloigner de l'objet sur lequel je vais me prononcer. J'introduis ainsi une rupture dans l'ordre des choses... Je prends du recul et me constitue comme sujet extérieur aux choses évaluées en tant que producteur d'un discours jugeant ces choses »[3].

Cette mise à distance s'appuie notamment par l'utilisation de critères adaptés, pertinents et spécifiques.

En définitive, nous pouvons dire que l'évaluation est donc :
- un jugement ou une analyse restituant du sens à une situation ;
- la mise en relation de phénomènes observés à partir d'objectifs ;
- l'analyse en fonction de critères spécifiques et préalables ;
- la mise en évidence de différentiels entre le *référé* (résultats observés ou ce qui est retenu de l'objet) et le *référent* (résultats prévus, souhaités ou grilles de lecture de l'objet à évaluer) ;
- une prise de décision en lien avec les objectifs initiaux.

1. DE KERVASDOUE J., *L'évaluation*, Connexion, Édition Érès, 1990.
2. DE KETELE J.-M., GERARD F.-M., ROGIERS X., « L'évaluation et l'observation scolaires - deux démarches complémentaires », in *Pratiques de l'évaluation*, Éducations n°12, 1997, p. 33-37.
3. HADJI C., *L'évaluation, règles du jeu*, 6e éd., Paris, ESF, 2000.

Ainsi, l'évaluation n'existe pas d'emblée, c'est un processus qui nécessite une construction, une élaboration en plusieurs étapes.

Mécanisme et processus d'évaluation

Ces différentes phases et étapes repérées ci-dessous se retrouvent désormais chez de nombreux auteurs et cela depuis maintenant près de vingt ans.

Le processus d'évaluation se construit en quatre phases principales :

➤ 1re phase : Déterminer les objectifs à atteindre

Il est important de rappeler avec Louis Porcher[1], dès 1977, que : « Aucun processus d'évaluation n'a de sens indépendamment des objectifs d'apprentissage visés ; réciproquement un objectif n'existe véritablement que s'il inclut, dans sa description même, ses modes d'évaluation ».

Déterminer les objectifs à atteindre amène à :

– s'interroger sur le contexte et la nature des décisions à prendre ;

– définir les exigences en terme de priorités ;

– dériver les critères opérationnels et les indicateurs[2].

Cet aspect renvoie à la logique d'élaboration de référentiel(s), ici d'évaluation.

➤ 2e phase : Prise d'informations

La prise d'informations nécessite de :

– déterminer les informations à recueillir ;

– recueillir des informations et des indices pertinents.

➤ 3e phase : Prise de position et jugement professionnel

La prise de position et donc de jugement professionnel requiert de :

1. PORCHER L., *Note sur l'évaluation*, Conseil de l'Europe (ronéo), 1977.
2. *Cf.* chapitre 4, les tableaux de bord.

– confronter les informations aux critères ;
– réaliser une synthèse opératoire.

➤ **4ᵉ phase : Action, prise de décision**

La prise de décision et l'action et/ou régulation s'effectue en vue de :
– optimiser les procédures, la réalisation ou le « produit » ;
– communiquer et diffuser les « résultats » de l'évaluation.

Critères et évaluation

L'évaluation ne peut s'effectuer sans critères. Ceux-ci peuvent être normés, venant de l'extérieur et imposés comme tels (lois, textes réglementaires, normes qualité...) ou négociés et contractualisés entre les « protagonistes » de l'évaluation.

Même si Jacques Ardoino et Guy Berger[1] nous rappellent que l'évaluation n'est pas une science : « L'évaluation n'est pas et ne peut être une science, ce qui ne veut pas dire qu'elle ne doit pas tendre à la rigueur et qu'elle ne doit pas mettre en jeu des procédures vérifiables. Mais c'est son inscription dans un procès réflexif, en reprise permanente dans le processus même qui a donné lieu à l'évaluation, qui conditionne sa validité », il est tout à fait nécessaire de s'appuyer sur une démarche construite et réflexive, où la prise en compte de critères est justement un moyen de mise à distance et de rigueur.

Le critère est le moyen de passage de l'abstrait au concret. Le critère est un élément de différenciation de la réalité. Il se concrétise par des indicateurs qui permettent de se doter de grilles de lecture de cette réalité, et ainsi de passer des événements à des éléments observables. Les critères sont alors des éléments de distinction, relayés par les indicateurs, et font passer l'inconnu vers le reconnaissable, puis le connu.

1. ARDOINO J., BERGER G., *D'une l'évaluation en miettes à une évaluation en actes*, Matrice, Paris, 1989.

Ce qui est intéressant pour Jean-Jacques Bonniol et Michèle Genthon[1] est qu'il existe des *critères de réalisation* et des critères d'évaluation, et que ceux-ci sont interdépendants et réversibles. Tout critère de réalisation est en effet critère d'évaluation, et réciproquement, dans la mesure où chaque critère permet à la fois de vivre l'action et de voir son degré de réalisation et par là même d'effectuer une évaluation de l'action. Par exemple, le critère de participation à une formation, avec l'analyse d'indicateurs comme le taux d'absentéisme ou le taux de retours de travaux ou exercices pédagogiques, permet d'avoir une mesure sur la réalisation de l'action (critère de réalisation) et d'apporter une réflexion et un jugement sur l'action (critère d'évaluation) et de rechercher les causes de cette situation favorable ou non selon différents niveaux et domaines comme l'organisation pédagogique, la qualité de la prestation du formateur, les conditions d'organisation et de mise en place de la formation ou l'implication de la hiérarchie.

De même, les critères permettent un mouvement de centration-décentration du sujet vis-à-vis de l'objet étudié. Ces auteurs nous disent : « En faisant appel à la réversibilité acquise qui permet au critère d'évaluation de devenir critère de réalisation, c'est-à-dire que les sujets deviennent capables d'un double mouvement : celui qui va de l'indice au critère (mouvement de l'évaluation), de l'acte au concept d'une part, et celui qui va du critère à l'indice (mouvement de réalisation) du concept à l'acte par construction d'indices pertinents d'autre part ».

L'ensemble des différents critères et de leurs indicateurs sont alors « rassemblés » dans un référentiel. Ce dernier, comme nous l'avons vu, peut être imposé ou négocié et contractualisé.

D'une façon générale, il faut garder à l'esprit que l'évaluation, et sa mise en œuvre, s'inscrit dans le domaine de la complexité où les actions font sens et où les acteurs sont en jeu.

1. BONNIOL J.-J., GENTHON M., *L'évaluation et ses critères, Les critères de réalisation*, Repères, 1989, n° 79.

CHAPITRE 13

Évaluation et formation

L'ÉVALUATION fait partie intégrante du processus de formation, de même qu'elle est complètement partie prenante de l'ingénierie de formation. Cependant, comme nous l'avons vu précédemment, l'évaluation est plurielle et multiforme, il convient donc de poser quelques bases de la place et du rapport entre l'évaluation et la formation. Pour ce faire, nous partirons des éléments de synthèse proposés par Charles Hadji et André De Perreti[1] (tableau 13.1).

Nous pouvons dégager les différents types d'évaluation présents en formation : l'évaluation diagnostique, l'évaluation sommative et l'évaluation formatrice. Cette dernière s'est d'ailleurs largement développée en formation des adultes.

1. DE PERRETI A., *Encyclopédie de l'évaluation en formation et éducation*, Paris, ESF, 1998.

Tableau 13.1 – Fonctions de l'évaluation selon sa place dans le processus de formation (d'après © C. HADJI, *L'évaluation, règles du jeu*, Paris, ESF, 6e édition 2000).

——————►	**Séquence ou action de formation**	——————►
Avant l'action de formation	**Pendant l'action de formation**	**Après l'action de formation**
Évaluation : • Diagnostique • Pronostique • Prédictive **Fonction :** • Orienter • Adapter **Centrée sur :** • Le producteur et ses caractéristiques (identification)	**Évaluation :** • Formative • « Progressive » **Fonction :** • Réguler • Faciliter (l'apprentissage) **Centrée sur :** • Les processus • Les activités de production	**Évaluation :** • Sommative • Terminale **Fonction :** • Vérifier • Certifier **Centrée sur :** • Les produits

L'évaluation diagnostique

L'évaluation diagnostique est une « évaluation qui, effectuée avant une action de formation ou une séquence d'apprentissage, a pour but de produire des informations permettant soit d'orienter le formé vers une filière adaptée à son profil, soit d'ajuster la formation à son profil »[1].

Jean-Marie Barbier parle, lui, d'identification lorsque l'on rapproche le profil de départ des formés, non seulement en creux par rapport à ce qui doit être acquis, mais aussi positivement par rapport aux compétences existantes. Il nous dit : « L'évaluation diagnostique doit déboucher ainsi sur une identification des acquis »[2].

1. HADJI C., *L'évaluation, règles du jeu*, 6e éd. Paris, ESF, 2000.
2. BARBIER J.-M., « L'évaluation », in *Les cahiers pédagogiques*, n°256.

L'évaluation diagnostique permet ainsi de situer, et positionner, des performances, de détecter des potentialités et de vérifier des capacités ou des connaissances.

L'évaluation diagnostique débouche à la fois sur :

– une fonction pédagogique : elle donne à voir les éléments acquis et les points faibles notamment par les relevés de performances et la vérification de compétence ;
– une fonction sociale d'orientation par le pronostic de potentiel d'aptitudes.

Ce type d'évaluation peut prendre plusieurs formes. Ainsi pour Charles Hadji, cette évaluation peut être diagnostique, pronostique et/ou prédictive et pour André De Perreti, elle prend les formes d'évaluation critériée, appréciative et/ou prédictive.

Une évaluation critériée est une évaluation où la performance est établie en référence à un ou des critères pré-établis et objectivables. Le but principal de l'évaluation critériée est d'établir le niveau d'apprentissage (connaissances, compétences, capacités) d'un apprenant au regard des objectifs poursuivis, plutôt que par référence au groupe. Elle est surtout utilisée dans le domaine des apprentissages scolaires. Ainsi, l'évaluation critériée permet de déterminer de quel enseignement a besoin tel élève. Pour fonctionner, l'évaluation critériée a besoin de deux opérations principales :

– la formation et la précision d'objectifs d'apprentissage ;
– la préparation d'épreuves critériée qui permettent de vérifier le niveau d'atteinte ou de réalisation de chacun des objectifs.

L'évaluation appréciative cherche à mettre en valeur la dimension qualitative de l'objet évalué ou de la compétence. Cette évaluation est tournée délibérément vers le qualitatif, s'attachant à dire la valeur de son objet. L'évaluation appréciative amène un regard particulier sur les données quantitatives de l'évaluation rejoignant en cela ce que nous dit Charles Hadji : « Il n'y aura d'évaluation qu'au moment où émerge le qualitatif dans le quantitatif ».

L'évaluation pronostique « porte sur les chances de réussite ultérieure en fonction de ce qui apparaît actuellement maîtrisé ». *L'évaluation prédictive*, à partir des pronostics, « a pour objet de guider et d'orienter ».

L'évaluation sommative

L'évaluation sommative, pour Charles Hadji, se situe en fin ou après l'action de formation. Elle est sommative ou terminale. Pour André De Perreti, elle est : « de contrôle, normative ou certificative ». Ce type d'évaluation cherche à fournir un bilan du niveau des connaissances acquises. Elle a pour but de sanctionner (positivement ou négativement) une activité d'apprentissage. Elle peut aussi intégrer une fonction de classement, de vérification-contrôle, de fidélité et, nous disent François Raynal et Alain Rieunier[1], de sélection : « l'évaluation sommative est donc l'évaluation qui correspond à la fonction de sélection ». L'évaluation sommative revêt le caractère d'un bilan. Elle intervient donc après un ensemble de tâches d'apprentissages ; une séquence, un chapitre, un cours trimestriel, « les examens périodes, les interrogations d'ensemble sont des évaluations sommatives »[2], ou en fin de formation.

L'évaluation sommative, pour la Délégation à la Formation Professionnelle[3] « se fait à partir de critères observables à l'objet évalué (épreuves critériées des acquis) permettant de faire le point sur les connaissances et les capacités acquises par le stagiaire. L'évaluation sommative, pas plus que l'évaluation normative, ne cherche à analyser le processus par lequel les performances sont atteintes. C'est un bilan comptable des succès et des échecs ».

L'évaluation sommative renvoie aux procédures connues de notations, classements et examens, et peut se présenter sous différentes formes.

L'évaluation de contrôle renvoie, pour André De Perreti, au contrôle continu et a pour but de produire des informations sur l'assimilation des savoirs enseignés. Celle-ci peut être instantanée, en cours, dès la fin de la formation ou différée.

1. RAYNAL F., RIEUNIER A., *Petit vocabulaire de pédagogie*, Éditions IPNETP, 1997, p. 87-88.
2. De LANDSHEERE G., *Dictionnaire de l'évaluation et de la recherche en éducation*, Paris, PUF, 1979.
3. Délégation de la Formation Professionnelle, *L'évaluation qualitative, Une approche Appliquée à la Formation*, ADEP Éditions, 1988, p. 59.

L'évaluation normative. L'évaluation est dite normative lorsque le résultat du test, des performances ou productions, d'un individu ou apprenant est comparé aux résultats obtenus par le groupe. Et Charles Hadji[1] de nous dire : « Évaluation dont le cadre d'interprétation est constitué par les scores obtenus, lors d'une épreuve semblable, par les membres du groupe de référence. Les performances d'un ensemble de sujets confrontés à la même situation-problème constituent un barème de classement. »

Ainsi, déclarer qu'un individu court rapidement, qu'il est grand ou bon en mathématiques, c'est porter un jugement qui prend sa valeur en fonction d'un point de repère connu, dans un groupe de référence. « L'évaluation se fait par rapport à un modèle de référence, à une norme extérieure à l'objet évalué. Ce peut être les performances obtenues à des épreuves identiques par un autre groupe en formation ou la manière dont se distribuent les résultats au sein du groupe lui-même »[2].

L'évaluation certificative, ajoute à des bilans, une sanction officielle par certificat, diplôme ou attestation professionnelle. L'évaluation certificative engage celui qui atteste du degré de réussite ou de performance de l'évalué.

L'évaluation formative

L'évaluation formative, comme nous le rappelle Charles Hadji, a été proposée par Scriven en 1967 dans le travail des *curriculums.* C'est une évaluation qui s'effectue pendant la période d'apprentissage, à l'intérieur d'une phase pédagogique et qui a pour but de guider les apprenants dans, et au cours, de leur travail scolaire ou d'apprentissage. Elle cherche à situer les difficultés pour aider la personne à découvrir les procédures qui lui permettent de progresser dans son apprentissage. Elle permet de saisir ce qui est compris ou non, ce qui est acquis ou non. Cette évaluation a pour but d'informer l'apprenant, puis l'enseignant, du degré d'atteinte des objectifs.

1. HADJI C., *L'évaluation, règles du jeu*, 6e éd., Paris, ESF, 2000.
2. Délégation de la Formation Professionnelle, *L'évaluation qualitative, Une approche Appliquée à la Formation*, ADEP Éditions, 1988, p. 59.

« L'évaluation formative est d'abord à visée pédagogique, ce qui la distingue de l'évaluation administrative, à visée probatoire et certificative »[1].

Cette évaluation ne doit pas donner lieu à l'attribution d'une note ou d'une sanction, mais est un moyen à la fois de situation dans l'apprentissage et de régulation de celui-ci.

« L'évaluation formative est l'évaluation intervenant, en principe, au terme de chaque tâche d'apprentissage et ayant pour objet d'informer l'élève et le maître du degré de maîtrise atteint, et éventuellement, de découvrir où et en quoi un élève éprouve des difficultés d'apprentissage, en vue de lui proposer ou de lui faire découvrir des stratégies qui lui permettent de progresser »[2].

L'évaluation formative prend donc place tout au long du processus éducatif et permet, à la fois, d'estimer les progrès individuels par rapport à l'objectif visé, et d'intervenir pour rectifier les modalités de l'action en cours. « C'est dire que l'évaluation formative porte aussi sur les méthodes appliquées au maître, sur le contenu des programmes et sur la structure de l'établissement scolaire »[3].

Pour André De Perreti, l'évaluation formative peut prendre plusieurs formes :

- *évaluation formative* visant l'appropriation par l'apprenant lui-même des objectifs de réussite et d'actualisation de ses connaissances et capacités ;
- *évaluation instituée*, établie par contrats entre apprenants et enseignants ou formateurs ;
- *auto-évaluation* permettant à chaque apprenant une vérification immédiate et une possibilité d'auto-rectification de ses activités d'apprentissage et de transfert de connaissances. Ce type d'évaluation favorise la valorisation des apprenants.

L'évaluation formative développe une nouvelle logique de l'évaluation qui est celle de la régulation, comme nous le dit Pierre Dominicé[4] :

1. HADJI C., *L'évaluation, règles du jeu*, 6e éd., Paris, ESF, 2000.
2. de LANDSHEERE G., *Dictionnaire de l'évaluation et de la recherche en éducation*, Paris, PUF, 1979.
3. LEON A., *Manuel de psychologie expérimentale*, Paris, PUF, 1977.
4. DOMINICE P., *L'éducation des adultes et ses effets*, Berne, Édition Lang, 1981.

« En passant de la mesure à l'appréciation des performances, on évolue et on passe d'une problématique de la relation : relation de l'homme à sa tâche (ou à sa formation), mais aussi relation de l'homme à autrui (incluant la collectivité, le groupe de travail ou de formation). L'évaluation formative découle de ce qui précède et constitue un pas de plus par rapport à l'appréciation des performances. La mesure n'est plus qu'un moyen à utiliser éventuellement. La notation et l'appréciation des qualités n'y trouvent pas de place. Car il s'agit, par procédure adéquate, de permettre une régulation de l'action éducative et une autorégulation de la formation des acteurs et des collectivités qui les englobent ».

L'évaluation formative, présentée et issue de l'école, s'est développée en formation. Pour la Délégation à la Formation Professionnelle[1], dans un travail pour l'évaluation qualitative, l'évaluation formative « est utilisée pour apprécier la progression du stagiaire notamment dans le cadre d'une pédagogie individualisée ou différenciée. Elle se fait à partir de critères de performances observables mais, à la différence de l'évaluation sommative, elle s'inscrit dans une démarche analytique puisque sa fonction est de faciliter et d'orienter l'apprentissage en cours. C'est une évaluation centrée sur le processus d'apprentissage ».

Ainsi, l'évaluation formative, intégrant cette notion de régulation[2], a pour fonction d'aider les personnes en formation :

- à donner un sens à la situation de formation ;
- à se situer par rapport à la formation acquise ou en cours et se construire une identité d'apprenant toujours en évolution ;
- à comprendre la relativité de leur position et à connaître celle d'autrui ;
- à utiliser cette analyse en vue de l'orientation de leur action, en tenant compte du contexte et de son environnement, c'est-à-dire des données organisationnelles et institutionnelles.

1. Délégation de la Formation Professionnelle, *L'évaluation qualitative, Une approche Appliquée à la Formation*, ADEP Éditions, 1988, p. 59.
2. VIAL M., « La régulation cybernétique et la régulation systémiste », in *Pratiques de l'évaluation*, Éducations n°12, 1997, p. 52-57. L'auteur parle de la régulation cybernétique comme dépassée, de même que la régulation systémiste pour parler de régulation complexe.

Charles Hadji (2000) rappelle les fonctions annexes que peut avoir l'évaluation formative :

– *sécurisation* : affirmer la confiance en soi de l'apprenant ;
– *assistance* : fournir des repères, donner des points d'appui possibles pour progresser ;
– *feedback* : donner le plus vite possible une information utile sur les étapes franchies et les difficultés rencontrées ;
– *dialogue* : nourrir un véritable dialogue enseignant/apprenant qui sera fondé sur des données précises.

Pour Jean-Jacques Bonniol et René Amigues[1], la fonction régulatrice « qui permet à l'élève (l'apprenant) d'ajuster ses stratégies et à l'enseignant d'adapter son dispositif pédagogique – ce qui correspond à la double rétroaction, sur l'élève et sur le maître (le formateur) – dépend de deux autres fonctions : une fonction renforçatrice : renforcement positif de tout comportement conforme à l'objectif ; et une fonction correctrice : l'élève doit pouvoir reconnaître et corriger lui-même ses erreurs ».

L'évaluation en formation

L'évaluation est présente à tous les moments du processus de formation. L'évaluation en formation est avant tout pédagogique et s'inscrit dans la pratique des formateurs. Elle est tournée vers les apprenants en lien aux objectifs assignés à la formation. Cette dimension renvoie donc aux méthodes pédagogiques des formateurs liées aux domaines d'intervention, à la relation pédagogique instituée et à l'évaluation assignée.

Nous pouvons synthétiser les fonctions de l'évaluation des apprenants (ou en formation) dans le tableau 13.2.

1. BONNIOL J.-J., AMIGUES R., in HADJI C., *L'évaluation, règles du jeu*, 6e éd., Paris, ESF, 2000.

Tableau 13.2 – Fonctions de l'évaluation en formation (D'après A. de Perreti, *Encyclopédie en formation et éducation*, ESF, 1998, fiche 37 et C. Hadji, *L'évaluation, règles du jeu*, Paris, ESF, 1989, p. 61)

Usage et activité	Fonction principale	Type d'évaluation	Fonctions complémentaires
Prédire à partir de la vérification des acquis, des pré-requis et des potentiels	Orienter	*Diagnostique* Pronostique Appréciative Critériée Prédictive	Explorer ou identifier Guider Comprendre (un mode de fonctionnement) Adapter (des profils) Informer
Vérifier à partir de situation de contrôle et d'examens	Certifier	*Sommative* Contrôle Normative Certificative	Classer Situer Informer
Situer un niveau, repérer et comprendre les difficultés et *agir sur le processus* d'apprentissage	Réguler	*Formative* Instituée Auto-évaluation	Inventorier Harmoniser Sécuriser Valoriser Assister Guider Renforcer Corriger Créer un dialogue

CHAPITRE 14

Évaluation de la formation

L'ÉVALUATION de la formation distingue deux dimensions spécifiques :

– Une dimension tournée vers la personne, l'individu, en tant que personne sociale et professionnelle, et recouvre les champs de la reconnaissance, de l'accompagnement, de l'orientation et de la validation des acquis.
– Une dimension plus globale qui analyse les systèmes de formation dans ces différents agencements : actions, dispositifs, programmes et/ou dans ces différentes structures organismes de formation, entreprise ou politique publique.

Nous nous attacherons ici à l'évaluation de la formation en tant que dispositif ou action. Nous dégagerons les différents niveaux d'évaluation, les conditions de mise en œuvre et les différents outils et méthodes repérés.

Les niveaux d'évaluation de la formation

Parler d'évaluation de la formation implique de repérer les différents niveaux sur lesquels l'évaluation peut et va porter.

Dès 1959, Donald Kirkpatrick[1], ancien professeur de l'université du Wisconsin, propose une démarche d'évaluation en quatre niveaux :

1. Cité par DENNERY M., *Évaluer la formation*, Paris, ESF, 2001.

– *Réaction*, ou niveau des opinions, où il s'agit de recueillir l'avis des participants sur l'action qu'ils viennent de vivre.

– *Apprentissage*, ou niveau des acquis, où sont évalués les connaissances, techniques ou savoir-faire appris pendant la formation et le plus souvent vérifier en fin de formation.

– *Comportement en milieu de travail* ou niveau du transfert pédagogique, où sont analysés les acquis pédagogiques et leurs exploitations en situation de travail. Le savoir-faire de la personne a-t-il évolué suite à la formation ?

– *Résultats*, ou niveau socio-économique, où est mesuré l'impact de la formation, et donc son utilisation en situation de travail, sur les performances de l'entreprise en termes sociaux et/ou économiques, donc mesurables et chiffrables.

Ces quatre niveaux se retrouvent globalement chez les principaux auteurs travaillant dans le domaine de la formation et sont relativement généralisés dans les entreprises même si, comme nous le verrons, ce découpage en quatre niveaux est repris et réparti de manière plus directe en *évaluation à chaud* et *évaluation à froid.*

Si nous examinons rapidement quelques auteurs, nous retrouvons l'évaluation de la formation en trois ou quatre niveaux.

Guy Le Boterf[1] repère trois niveaux d'évaluation des effets de la formation ou d'impacts d'un plan ou d'une action. Depuis, cet auteur[2] a développé et affiné son modèle et positionné l'évaluation par rapport un type de référentiel : pédagogique, de compétences ou opérationnel.

– *1er niveau.* Les effets sur les capacités et connaissances acquises en cours ou en fin de formation. « Il s'agit de vérifier si les objectifs pédagogiques ont été atteints, c'est-à-dire si les capacités et connaissances acquises ont été effectivement intégrées par ceux qui ont suivi l'action de formation ». Les ressources acquises sont confrontées à un référentiel pédagogique.

– *2e niveau.* Les effets sur les comportements professionnels en situation de travail. « Contrairement au premier niveau, il s'agit d'une

1. LE BOTERF G., *L'ingénierie et l'évaluation de la formation*, Paris, Éditions d'Organisation, 1990, p. 152.
2. LE BOTERF G., *L'ingénierie des compétences*, Paris, Éditions d'Organisation, 1998, p. 87.

évaluation "en différé". Il s'agit d'évaluer dans quelle mesure les capacités acquises en formation sont traduites en comportements professionnels dans les situations réelles de travail. Dans ce cas, la vérification des compétences s'effectue sur le poste de travail ». Les compétences construites et mises en œuvre sont confrontées à un référentiel des compétences requises.

– *3e niveau.* L'évaluation des effets sur les conditions d'exploitation. « Ce troisième niveau est plus complexe à mettre en œuvre. Il est pourtant essentiel du point de vue d'une démarche d'investissement de la formation. Il consiste à estimer dans quelle mesure le plan ou l'action de formation influencera les modes opératoires et les paramètres physiques d'exploitation. On cherchera alors à identifier les paramètres d'exploitation particulièrement sensibles à l'action de formation ». Les impacts sur le fonctionnement et les performances sont confrontés à un référentiel opérationnel.

Nous retrouvons aussi trois niveaux chez Jean-Marie Barbier avec parfois une autre terminologie :

– Le premier niveau d'évaluation « interne », « intra formative », « immédiate » ou « à chaud », où nous voyons qu'il existe de nombreux qualificatifs. Ce niveau intègre à la fois l'analyse des comportements et apprentissage pendant celui ci, donc de l'évaluation en formation, dans sa dimension pédagogique. Mais intègre aussi, de manière différente et complémentaire, l'évaluation « de satisfaction » en fin de formation et l'évaluation des acquis.

– Le deuxième niveau d'évaluation « externe » concerne la conformité des actions de formation aux objectifs de changements prévus en situation de travail. C'est « l'évaluation en situation réelle » ou « évaluation à froid », en opposition au type précédent.

– Le troisième niveau est aussi une « évaluation externe ». Elle s'intéresse aux effets des activités de formation sur le fonctionnement général de l'entreprise, ou organisation. C'est ce niveau qui permet de « mesurer », autant que faire se peut, l'investissement formation.

Alain Meignant[1] parle, lui, de quatre niveaux d'évaluation :

– Niveau 1 : Évaluation de satisfaction. « Quelle est l'opinion "à chaud" des stagiaires sur la prestation de formation ? »

1. MEIGNANT A., *Manager la formation*, Paris, Éditions Liaisons, 1991, p. 274.

- Niveau 2 : Évaluation pédagogique. « Les stagiaires ont-ils acquis les connaissances et les savoir-faire prévus ? Les ont-ils mémorisés ? (Évaluation pédagogique différée) ».
- Niveau 3 : Évaluation du transfert sur les situations de travail. « Les stagiaires appliquent-ils ce qu'ils ont appris ? »
- Niveau 4 : Évaluation des effets de formation. La formation a-t-elle permis d'atteindre les objectifs individuels ou collectifs fixés ?

En définitive, il apparaît que la typologie proposée par Donald Kirkpatrick est relativement admise et relayée par les différents auteurs, même si ceux-ci n'y font pas toujours directement référence. Une logique commune se dégage avec deux grands types d'évaluation et quatre niveaux ou modes d'application (tableau 14.1).

Tableau 14.1 – Typologie des évaluations de la formation

Évaluation directe	Évaluation « à chaud » de la satisfaction des stagiaires
	Évaluation des acquis pédagogiques et des apprentissages
Évaluation différée dite « à froid »	Évaluation du transfert en situation professionnelle
	Évaluation des résultats socio-économiques de l'entreprise

À partir de ce repérage, il est alors intéressant de s'interroger sur la logique et la mise en œuvre de chacune de ces évaluations. Pour ce faire, nous utiliserons la grille de questionnement en conduite de projet QQOQCP (Quoi, Qui, Où, Quand, Comment, Pourquoi) à la suite de quoi nous pourrons dégager les intérêts et limites de chacune de ces évaluations.

L'évaluation de fin de formation, dite « de satisfaction »

Cette première évaluation de la formation, aussi appelée « évaluation à chaud » est sans doute la plus couramment, et souvent la seule, pratiquée. Dans le même temps, elle est aussi la plus critiquée dans la mesure où l'objet de l'évaluation n'est pas le changement ni les acquisitions mais le niveau de satisfaction et donc les opinions personnelles, voire les impressions, des participants (tableau 14.2). Charles

Vincent[1] parle ainsi « d'évaluation à chaud » et même « d'évaluation du show ». Et Jacques Soyer[2] parle, lui, de « pseudo-évaluation ».

Si cette première évaluation est limitée, elle présente aussi un certain nombre d'intérêts comme nous le verrons après son analyse.

Tableau 14.2 – Niveau 1 : L'évaluation « de satisfaction »

Quoi	Cherche à mesurer le niveau immédiat de satisfaction des participants (stagiaires, apprenants). Cette évaluation s'appuie sur le ressenti des personnes et donne une vision globale de la formation. Elle informe sur les conditions de la prestation.
Qui	Généralement conçue et fournie par le formateur lui-même ou l'organisme de formation. Elle est remplie par les formés et peut être exploitée par le formateur, l'organisme prestataire ou le responsable de formation de l'entreprise.
Où	Généralement sur le lieu de formation, si la passation est réalisée chez soi, le taux de retour est souvent faible.
Quand	En fin de formation
Comment	Soit à l'oral (mise en commun et tour de table), soit à l'écrit (un questionnaire ou grille d'évaluation) ou plus intéressant un mixe des deux (écrit et oral). Cette évaluation peut avoir lieu individuellement ou collectivement, en présence ou non du formateur.
Pourquoi	L'évaluation est facilement réalisable techniquement et économiquement. On a un retour direct (ce qui ne veut pas forcément dire objectif et exhaustif) du groupe, du climat, sur les contenus et les méthodes pratiquées. Elle permet un taux de réponse quasi total. Elle permet de clore la formation et d'envisager des possibles ou des suites.

Une grille d'évaluation de satisfaction

Chaque entreprise, formateur ou organisme de formation doit bâtir sa propre grille mais d'une façon générale un certain nombre de critères sont à prendre en compte.

1. VINCENT C., *La formation, relais de la stratégie d'entreprise*, Paris, Éditions d'Organisation, 1990, p. 124.
2. SOYER J., *Fonction Formation*, Paris, Éditions d'Organisation, 1998, p. 195.

Avant même de questionner sur ces différents aspects, il nous paraît pertinent de repositionner la place de la formation pour les participants et les attentes vis-à-vis de celle-ci (voir en annexe la fiche d'évaluation de formation, p. 234).

Nous avons donc :

- L'organisation générale concernant l'environnement, les locaux et la logistique.
- La qualité pédagogique avec :
  - les contenus théoriques,
  - les contenus pratiques ou méthodologiques,
  - la documentation,
  - les connaissances du formateur.
- L'animation pédagogique avec :
  - l'animation du formateur,
  - l'écoute et la prise en compte du groupe et de chacun,
  - le rythme de travail,
  - les méthodes pédagogiques (adaptées, diversité),
  - les échanges entre participants.
- L'intérêt personnel et/ou professionnel avec :
  - la réponse aux attentes,
  - la constitution d'un réseau professionnel,
  - la transférabilité possible ou envisagée en situation,
  - l'intégration (ou le renforcement) dans le métier.

De la totalité de ces critères, un avis d'ensemble peut être dégagé. La présentation doit donner envie de répondre, il ne faut donc pas un questionnaire tassé de plusieurs pages, une fiche aérée et structurée est plus adéquate.

Afin d'avoir un traitement efficace, il est préférable d'avoir recours à une échelle (de 1 à 4 ; des signes de types ++, +, +/-, -, -- ; ou des figurines plus ou moins souriantes ☺, ☹). L'échelle en quatre valeurs peut éviter une valeur moyenne qui peut devenir une valeur « refuge ». Ce type de tableau permet une lecture rapide et une objectivation de l'évaluation.

En complément, rien n'empêche d'avoir quelques questions plus ouvertes notamment sur les *points clés de la formation* et les *suites possibles.* Le traitement de ces questions amène une approche plus qualitative.

Intérêts et limites de l'évaluation de satisfaction

Cette évaluation tout en étant subjective n'est pas sans quelques intérêts. En effet, même si cette évaluation correspond plus à un échantillon des représentations, il est important de se rappeler qu'en formation les opinions ont une place conséquente dans les apprentissages (tableau 14.3).

Tableau 14.3 – Intérêts et limites de l'évaluation « de satisfaction »
(D'après C. VINCENT, *La formation, relais de la stratégie d'entreprise,* Paris, Éditions d'Organisation, 1990)

Intérêts	Limites
• Représente un retour direct de la formation et permet de restituer l'évaluation aux participants. • Permet de détecter les autres « besoins » en formation. • Garde une trace de la formation. • Facilite un sentiment de groupe et d'appartenance. • Permet d'envisager des suites possibles (personnelles, professionnelles, de formation). • Facilite le questionnement pour l'utilisation de la formation dans l'emploi. • Favorise le dialogue et le point qualitatif.	• Risque de saturation le dernier jour. • N'a pas valeur d'engagement de la part des participants. • S'inscrit dans une logique de changement individuel mais pas de l'organisation ni de la hiérarchie. • Privilégie les liens affectifs avec l'intervenant et peut se focaliser sur lui. • Faible recul sur ce qui vient de se passer. • Choix des critères. • Focalise sur l'intervenant toutes les difficultés sans remise en cause de l'organisation ou du fonctionnement de l'entreprise. • Faible prédictibilité de la réutilisation des acquis.

L'évaluation pédagogique

L'évaluation pédagogique n'est pas faite de manière systématique. Elle est le plus souvent effectuée par le formateur en cours de formation afin de vérifier les acquis et la progression du groupe, mais cette évaluation est le plus souvent informelle et dans une perspective de régulation, du groupe et des apprentissages (tableau 14.4). Lorsqu'elle est pratiquée en fin de formation de manière formelle, c'est le plus souvent dans le cadre d'un examen (certification ou habilitation) ou de la préparation à ce dernier.

Tableau 14.4 – Niveau 2 : L'évaluation des acquis pédagogiques

Quoi	Cherche à vérifier ou à mesurer les acquis des participants en terme de connaissances, de méthodologies et/ou de savoir-faire. Autrement dit, les objectifs pédagogiques ont-ils été atteints ?
Qui	Différentes catégories d'acteurs en fonction du type d'évaluation : formative, sommative ou diagnostique et du type de moyens (comment). Mais le plus souvent évaluation des formés par les formateurs.
Où	En fonction du type d'évaluation : la salle de formation, ateliers ou dans une structure externe de certification ou de validation.
Quand	En cours et/ou en fin de formation.
Comment	De manière très différentes en fonction du type d'évaluation : diplôme, concours, rapport de stage, jury, devoirs, tests, attestation, certificat, mise en situation
Pourquoi	Pour attester de l'obtention de connaissances et/ou de compétences, vérifier les acquis par rapport à un cahier des charges préétabli, valider une évolution professionnelle.

Construire une grille d'évaluation des acquis pédagogiques

Il n'existe évidemment pas de grille universelle d'évaluation des acquis. Celle-ci est existante (diplôme, concours, habilitations) ou construite (tests, mise en situation, QCM...) en référence aux objectifs de formation et aux contenus de la formation. Elle est déclinée à partir des référentiels emploi/compétences et des référentiels de formation. Les acquis à évaluer sont donc illimités et cette évaluation n'a de sens que si elle s'inscrit dans le processus de formation.

Pour être pertinente, cette évaluation doit donc être pensée en même temps que la formation, l'une et l'autre sont complémentaires et doivent pouvoir être articulées.

Intérêts et limites de l'évaluation des acquis pédagogiques

En poursuivant la démarche initiée par Charles Vincent, sur la seule évaluation à chaud, nous pouvons analyser les avantages et inconvénients de cette évaluation (tableau 14.5).

Tableau 14.5 – Intérêts et limites de l'évaluation des acquis pédagogiques

Intérêts	Limites
◆ Nécessité de repérer, voire travailler les référentiels utilisés. ◆ Lisibilité des attendus pour les apprenants. ◆ Permet de mesurer les acquis et d'apporter des mesures correctrices à la formation. ◆ Outil de régulation pédagogique et psychopédagogique de la formation. ◆ Permet une traçabilité des acquis et une exploitation ultérieure. ◆ Implication des apprenants dans les apprentissages. ◆ Auto évaluation de la formation. ◆ Positionnement personnel, professionnel ou social.	◆ On retrouve tous les risques et travers de la docimologie : fiabilité, régularité, objectivité/subjectivité. ◆ Nécessite une concertation entre les évaluateurs pour une homogénéité de l'évaluation. ◆ Rigueur et pertinence des critères et indicateurs dans la construction de la grille. ◆ Évaluation liée à la qualité des évaluateurs et des conditions de passation. ◆ Évaluation des acquis décontextualisés, en dehors de la situation professionnelle. ◆ Appréhende des savoirs et des savoir-faire avec une prédictibilité plus ou moins aléatoire en fonction des situations d'utilisation. ◆ Une image « scolaire » pouvant être source de malaise (échec scolaire). ◆ Valeur de l'évaluation si l'évaluateur est le formateur. ◆ Lourdeur, coût et difficulté de mise en œuvre.

Cette évaluation n'est donc ni simple ni évidente et nécessite un réel savoir-faire de la part des formateurs s'appuyant sur des bases théoriques solides tant dans son domaine qu'en évaluation. L'évaluation pédagogique doit être donc pratiquée en rapport avec les objectifs – clairement énoncés – qu'elle poursuit. Ainsi une évaluation des acquis pédagogiques sans retour, soit en terme de certification et/ou de régulation pédagogique, apparaît comme un « exercice scolaire » vidé de sens et d'intérêt pour les apprenants. Cette dernière partie serait alors perçue, au mieux au service des formateurs, au pire au service du commanditaire, et non comme un outil de formation au service des formés.

L'évaluation du transfert en situation professionnelle

Cette évaluation est parfois aussi appelée évaluation professionnelle (tableau 14.6).

Tableau 14.6 – Niveau 3 : L'évaluation professionnelle

Quoi	Évaluation du transfert et de l'application des acquis de la formation en situation de travail. Mesure de l'évolution professionnelle.
Qui	Le stagiaire par rapport à lui-même. Le service formation sur le processus de formation. Le responsable hiérarchique sur le retour de la formation et sa mise en œuvre.
Où	En situation de travail réelle au sein de l'entreprise ; au poste, en mise en situation, dans le cadre d'un projet.
Quand	Évaluation *a posteriori*, en différé, dans un laps de temps, après la formation, plus ou moins défini.
Comment	Auto-évaluation des stagiaires sur leurs acquis et la transférabilité en situation professionnelle. Entretien spécifique et entretien annuel entre le hiérarchique et le participant à la formation. Réalisation professionnelle effective. En confrontation avec le référentiel de formation ou d'emploi avec des grilles d'objectifs de compétences préétablies avant la formation.
Pourquoi	Pour mesurer l'efficacité de la formation. Pour mesurer l'efficience de la formation dans le service considéré, c'est-à-dire le rapport objectifs initiaux/formation/efficacité/situation professionnelle effective. Pour faire évoluer la formation.

Cette évaluation ne peut être mise en œuvre que de manière concertée entre les différents acteurs : responsable de formation, responsable hiérarchique, formateur et le stagiaire. De plus, cette évaluation doit être prévue dès l'élaboration de la formation donc en amont de l'acte pédagogique, afin d'établir les critères et les indicateurs observables, et par la suite, en tenant compte de ce qui a réellement été effectué en formation, enfin des conditions réelles de la situation professionnelle. Cette évaluation est donc éminemment complexe et nécessite une synergie des acteurs, notamment dans la construction de la grille d'évaluation.

Grille d'évaluation professionnelle

Cette grille s'inscrit donc dans un continuum entre l'emploi occupé, les objectifs de formation, les acquis et la mise en œuvre dans l'activité, cette dernière donnant les conditions de réalisation. Nous pouvons proposer la grille suivant (tableau 14.7).

Tableau 14.7 – Exemple de grille d'évaluation professionnelle

Présentation de la fiche, de son intérêt et de sa procédure	Rappel de la place de la formation dans l'entreprise. Intérêt de la démarche d'évaluation impliquant les intéressés (hiérarchiques, salariés, service formation). La procédure s'effectue en trois temps, toujours par entretien entre le hiérarchique et le salarié : 1. Détermination des objectifs de formation en lien avec les situations professionnelles ou dans une perspective culturelle. 2. En fin de formation, déclinaison des acquis et actions transférables. 3. En retour dans l'emploi, sur une période à déterminer, évaluation des effets.
Les objectifs de formation	Objectifs généraux ne rentrant pas dans l'évaluation. Objectifs en rapport direct avec l'emploi.
Les acquis de la formation	Les actions à mettre en œuvre en situation, délais, conditions de réalisation.
Les effets de la formation (temps x)	Les acquis de la formation ont-ils pu être utilisables dans votre activité ? Lesquels ? Les acquis de la formation ont-ils renforcé votre efficacité ? Sur quels aspects ? Les acquis de la formation vous permettent-ils d'intégrer votre travail dans un ensemble (équipe, unité, entreprise) ? Quelle(s) suite(s) possible(s) ?

Ces questions peuvent être posées avec une échelle à quatre items (1 à 4 ; -- à ++ ; « pas du tout important » à « très important » ; « non pas du tout » à « oui tout à fait ») et quelques points d'approfondissement.

Intérêts et limites de l'évaluation professionnelle

Ainsi, si on repère bien l'intérêt de cette démarche, il est facile aussi de dégager ses difficultés (tableau 14.8).

Tableau 14.8 – Intérêts et limites de L'évaluation professionnelle

Intérêts	Limites
◆ Vérification de l'efficacité de la formation et constatation des effets de la formation. ◆ Correspond aux besoins de l'entreprise et des unités. ◆ Implication et motivation de la personne dès le montage de la formation. ◆ Donne du sens à la formation. ◆ Est en correspondance avec les référentiels métiers. ◆ Développement de la collaboration entre le service formation et les hiérarchiques. ◆ Travail en amont de la formation. ◆ Inscription dans un processus formation en continuité. ◆ La formation s'inscrit comme un outil de la GPEC. ◆ Dégage et mesure la dimension technique d'une formation.	◆ La définition même de la situation professionnelle effective. ◆ Décliner les critères et indicateurs de manière objective, observable et mesurable. ◆ Mouvance et impondérables de la situation professionnelle qui ne permettent pas une lecture du « avant » et « après » la formation. ◆ Attentes des hiérarchiques et diversité des niveaux d'exigence. ◆ Diversité de l'évaluation et difficulté d'homogénéisation. ◆ Nécessité de créer une co-évaluation. ◆ Nécessité de moyens et de prendre du temps. ◆ Difficulté de séparer l'aspect formation des dimensions du contexte et de l'organisation du travail. ◆ La formation est complexe et non réduite à une seule application. Approche simpliste de la formation. ◆ Centré sur la seule dimension technique, quasi impossible pour les formations générales et culturelles.

Évaluation des résultats socio-économiques

Cette évaluation pose la question de la mesure des effets de la formation sur les résultats socio- économiques. Si cette dimension existe dès le repérage des différents niveaux par Donald Kirkpatrick, elle semble être de plus en plus présente dans les discours sur l'investissement formation. Cependant, ce type d'évaluation n'est pas sans poser de difficultés, tant d'ordre technique qu'intellectuel (tableau 14.9).

Tableau 14.9 – Niveau 4 : Évaluation des résultats socio-économiques

Quoi	Les paramètres (indicateurs) socioéconomiques : paramètres d'exploitation, de performance, de résultats, de fonctionnement.
Qui	Les hiérarchiques, les directions opérationnelles.
Où	Variable en fonction des paramètres et de la situation professionnelle : au poste de travail, dans le process de production, le circuit de distribution…
Quand	Variable, à déterminer selon la nature des indicateurs et l'activité.
Comment	Mesure des écarts entre la situation « avant » et « après » la formation à partir des indicateurs choisis.
Pourquoi	Mesurer l'investissement formation. Mesurer les gains de productivité et l'efficacité économique.

Quelle grille d'évaluation des résultats ?

Cette évaluation n'est donc pas sans poser un certain nombre de questions. À partir du tableau 14.9, il apparaît nettement que ce type d'évaluation est subordonné à un nombre très important de variables : de contexte, de repérage de la situation concernée, des conditions de réalisation faisant suite à la formation, de la définition des indicateurs, en conséquence de quoi, il est légitime de se demander premièrement la faisabilité technique et méthodologique de ce type d'évaluation, deuxièmement de la valeur des éventuels résultats et troisièmement de sa pertinence générale.

Évaluer la formation à partir des résultats socioéconomiques, c'est occulter toute la dimension systémique de la formation, c'est considérer la formation et son application par une personne comme indépendante de la personne elle-même, du contexte et des conditions de réalisation et du système d'organisation. Qui peut être en mesure de contrôler les paramètres de son activité pour pouvoir l'infléchir suite à une formation ?

Ce type d'évaluation prête donc à caution et sa mise en œuvre n'est jamais facile ni univoque. Cependant elle peut être intéressante dans le cadre d'une formation-action, accompagnant une équipe ou un projet, où la recherche et la définition d'indicateurs socioéconomiques font partie intégrante de la réflexion. Les paramètres socioéconomiques permettent de suivre l'action engagée, dans une logique de régulation d'une action collective.

Intérêts et limites de l'évaluation des résultats socio-économiques

Toute évaluation est difficile et délicate et doit prendre en compte un nombre conséquent et pertinent de facteurs et de variables. De ce fait, l'évaluation des résultats socioéconomiques, si elle est intéressante pour la réflexion, est éminemment ambiguë et ne paraît pas pouvoir être mise en place de manière systématique et continue. Ce type d'évaluation peut faire l'objet soit d'une action ponctuelle, et donc « outillée » en conséquence, soit accompagnée une démarche spécifique avec toutes les précautions méthodologiques et déontologiques qui s'imposent (tableau 14.10).

Tableau 14.10 – Intérêts et limites de L'évaluation des résultats socio-économiques

Intérêts	Limites
• Valorisation de la formation et intégration dans la logique de l'entreprise. • Développement d'une culture formation et d'une logique investissement-formation. • Intérêt de la formation dans le GRH. • Traçabilité de la formation.	• Approche uniquement économique et en terme de coûts/gains. • Perte de la dimension humaine et culturelle de la formation. • Difficulté, voire impossibilité, de dégager l'aspect formation dans une situation complexe avec une multitude de variables. • Difficulté de mettre en œuvre l'évaluation. • Coût de l'évaluation. • Une relation formation-action-résultats-effets « simpliste ». • Comment prendre en compte les formations générales et/ou culturelles.

Les conditions de mise en œuvre de l'évaluation

D'une manière générale, l'évaluation est en rapport direct avec l'objectif opérationnel de l'action de formation.

Ainsi, si l'objectif est stratégique, le type d'évaluation utilisé s'intéresse à l'aspect économique, ou social, en s'interrogeant sur l'apport de la formation.

Si l'objectif est énoncé en terme de « compétences à acquérir et à appliquer en situation professionnelle », l'évaluation s'organise sur le terrain en confrontant l'avant et l'après formation.

Si l'objectif est pédagogique et se traduit en terme d'apprentissage, on contrôle alors les acquis en lien avec les outils utilisés.

Cependant, nous nous apercevons bien que plus l'évaluation est globale et intégrée à l'emploi, plus la faisabilité est délicate ou difficile.

De la même façon, plus on passe des domaines techniques, aux domaines généraux, à la formation culturelle et plus la difficulté d'évaluation s'accroît, voire remet en cause sa pertinence.

Nous avons donc un schéma inversé où plus l'évaluation est pertinente, plus la complexité augmente et moins l'évaluation est faisable et la réalisation possible.

Relation Faisabilité/Pertinence dans l'évaluation de la formation

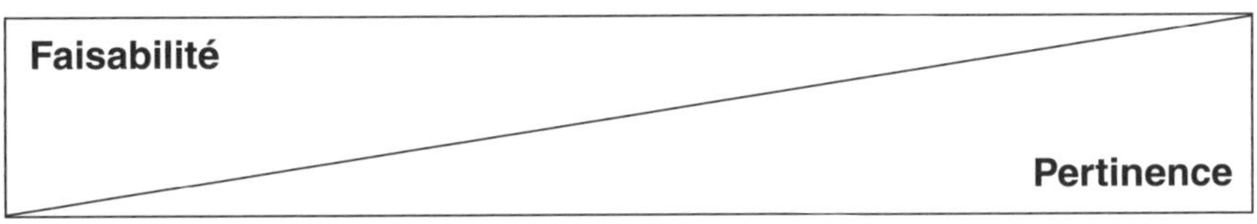

L'évaluation de la formation n'a de sens que par rapport aux objectifs et aux moyens. La logique de l'évaluation s'inscrit donc dans un continuum :

1. Situer et articuler le projet de l'entreprise, ou de toute organisation, par rapport :

– aux pratiques professionnelles et aux ressources humaines,

– aux différents types de formations possibles,

– à la culture d'entreprise.

2. Formuler un diagnostic, état des lieux, avant ou au moment de la formation.
3. Définir le référentiel opératoire de l'évaluation en fonction du niveau attendu et du diagnostic :
   - référentiel « pédagogique » ou « des objectifs pédagogiques »,
   - référentiel « compétences » ou « des objectifs de formation »,
   - référentiel « professionnels » ou « des objectifs finaux ».
4. Développer la coopération entre les personnes concernées :
   - direction,
   - hiérarchie,
   - responsable de formation,
   - formateurs.

Ainsi, de la même façon que dans l'ingénierie, nous retrouvons dans l'évaluation à la fois les *trois niveaux d'acteurs* : stratégique, organisationnel, pédagogique ou opérationnel, et les trois niveaux de « regard » sur lesquels peut porter l'évaluation : *produit, procédure, processus*. Jean-Jacques Bonniol[1] nous parlait de définir l'objectif de l'évaluation autour de la question : « Comment se définit la qualité ? Trois réponses ont été données à cette question..., elles concernent l'évaluation mais elles impliquent des phases différentes dans la recherche de la qualité. La première réponse concerne *les résultats*[2]. Ce sont les résultats qui disent la vérité. La deuxième réponse, c'est ce que sont *les procédures*, les méthodes, les démarches, les techniques qui fondent la qualité, dans lesquelles par conséquent il faut la rechercher. La troisième réponse, c'est ce que sont *les processus*, sous-jacents à l'usage des procédures et à la construction des stratégies, qui fondent la qualité ».

En définitive, pour reprendre un titre un peu provocateur, nous pouvons dire avec Monica Gather Thurler[3] que « l'efficacité de la

1. BONNIOL J.-J., *À la recherche de la qualité : fonctionnements par objectifs et évaluation*, Université Aix en Provence (ronéo), 1986.
2. Mis en italique par l'auteur.
3. GATHER THURLER M., « L'efficacité des établissements ne se mesure pas : elle se construit, se négocie, se pratique et se vit », in *Évaluation et analyse des établissements de formation*, De Boeck Université, 1994, p. 203-219.

formation ne se mesure pas : elle se construit, se négocie, se pratique et se vit ».

Ainsi au-delà de l'évaluation sommative sur les contenus de formation, l'évaluation s'inscrit dans une perspective systémique et qualitative où les acteurs sont partie prenante du processus d'évaluation.

En définitive, nous pouvons tenter de synthétiser les différents moments de l'évaluation dans la démarche d'ingénierie en lien avec les acteurs concernés (Fiche Guide n° 17).

FICHE GUIDE N° 17

L'évaluation dans la démarche d'ingénierie de la formation

Étapes de l'ingénierie		Types d'évaluation		Acteurs clés
Analyse	⇨	• Des besoins de formation • Des populations cibles • Des compétences attendues • Du cahier des charges de la demande • Des référentiels existants • Du diagnostic • De la politique de formation	→	Hiérarchique Formateur Responsable formation Consultant
Conception	⇨	• De l'offre de formation • Du cahier des charges de la formation • Des référentiels construits ou adaptés • De la planification	→	Formateur Responsable formation Consultant
Réalisation	⇨	• Diagnostique et/ou pronostique des participants • Évaluation formative en cours de formation • De l'application du cahier des charges • De l'assiduité et participation • Du processus, Régulation • «À chaud ou de satisfaction »	→	Formateur Responsable formation
Évaluation	⇨	• Sommative et/ou certificative des acquis pédagogiques • De l'action ou du dispositif de formation • Des effets (résultats) pédagogiques, des acquis (« à froid » ou différé) • En situation de travail • Du retour sur investissement (paramètres sociaux et/ou économiques) • De la politique de formation	→	Structure certifiante Formateur Responsable formation Hiérarchique Consultant

MINI CAS

Le formateur-consultant et la démarche d'ingénierie

LA DÉMARCHE d'ingénierie de la formation se veut globale et complète tout au long du processus de formation Elle s'inscrit dans une logique en continu entre le niveau politique-stratégique et le niveau pédagogique avec la mise en œuvre des quatre étapes clés. Cette possibilité de prise en compte globale est surtout possible pour le responsable de la formation en situation. Cependant, il est aussi important que le formateur-consultant ou le responsable d'un organisme de formation inscrive sa pratique dans une démarche d'ingénierie de la formation même s'il n'intervient qu'à un moment ou un autre du processus ou en parallèle d'une entreprise comme dans le cas suivant.

Il s'agit d'une intervention que nous avons été amenés à réaliser à la demande d'un organisme régional financeur de formation dans le secteur de la santé. La demande porte sur le développement des compétences des personnes chargées de la formation dans les différents établissements de la région concernée, soit une douzaine de personnes. Nous présentons ci-après la démarche d'ingénierie de la formation.

> *Le contexte* : organisme régional de financement de la formation professionnelle à destination des personnels de santé, couvrant une douzaine d'établissements s'inscrivant dans une volonté de professionnalisation des

personnes chargées de la formation et se positionnant comme organisme fédérateur et innovant.

La demande : mettre en place une formation professionnalisante s'inscrivant à la fois dans une logique de qualification, prenant en compte la démarche de validation des acquis et permettant de développer une logique de réseau entre les personnes et les établissements.

La démarche d'ingénierie :

Analyser :

L'analyse de la demande institutionnelle prend en compte les caractéristiques du contexte et de la population concernée.

À partir de la connaissance du domaine de la formation, de l'environnement socioprofessionnel et des entretiens (individuels et de groupe) avec des acteurs, réalisation des référentiels métiers et compétences des acteurs de la formation. Ce travail a été mené en lien avec le niveau national avec une mise en parallèle des métiers, des formations et de la reconnaissance des acquis.

Cette étape d'analyse a permis de dresser un panorama de la situation et des attendus, et donc de donner les points incontournables pour une conception la plus pertinente possible.

Concevoir :

La formation se devait de répondre à plusieurs objectifs complémentaires :

- développer les connaissances et les compétences professionnelles des praticiens et ancrer celles-ci dans le quotidien ;

- renforcer les savoir-faire communs et formaliser une démarche professionnelle, ce qu'une autre entreprise appelle « les bonnes pratiques » ;

- favoriser un fonctionnement en réseau par une mise en commun des différents réseaux professionnels ;

- favoriser la reconnaissance et la validation des acquis et étudier la faisabilité d'engager des formations qualifiantes.

À partir de l'analyse et de ces objectifs, la formation s'est construite dans le principe d'une formation-action dans la logique de l'alternance : alternance temporelle, entre théorie/pratique, apports externes et implication personnelle et professionnelle avec production commune et mise en relation avec le contexte professionnel.

Réaliser :

L'action a donc été réalisée en tenant compte notamment des objectifs fixés, du public et des contraintes, tout en gardant une logique pédagogique se voulant pertinente. Ainsi l'alternance s'est retrouvée à plusieurs niveaux : temporel, avec des sessions de formation réparties dans la durée (quinze jours sur six mois) ; didactiques, en s'appuyant sur diverses modalités et situations pédagogiques en correspondance avec les finalités (réflexion sur les pratiques, construction d'outils professionnels, confrontation d'expérience et apports théoriques et méthodologiques) ; pédagogiques, en faisant intervenir différentes personnes avec différents statuts ayant chacun des approches particulières et complémentaires.

En parallèle, pour répondre à la logique de professionnalisation d'une part, de reconnaissance des acquis d'autre part dans la construction-vérification d'un parcours qualifiant, un travail sur la validation des acquis est effectué à partir du référentiel métier-compétences et sur les possibilités de formations qualifiantes.

Évaluer :

Au-delà de l'évaluation de la formation, et de ses différentes sessions, par les participants à partir d'un questionnaire "à chaud", l'évaluation peut aussi se situer dans l'analyse de l'atteinte des objectifs. Ainsi, la formation action à donner lieu à la mise en œuvre d'une formation diplômante dans le domaine pour la majorité des participants. Par intérêt et commodité, cette formation s'effectue à distance s'appuyant sur ses pratiques professionnelles et la formation antérieure.

De même un réseau se constitue, en lien avec la formation diplômante d'une part et en vue de constituer une base régionale de ressources communes en terme de formations et de formateurs.

Enfin, chaque professionnel s'inscrit dans le référentiel national métier-compétences souhaitant revendiquer leur professionnalisme et faire reconnaître de fait leur métier et sa place dans l'organisation.

Quelle suite ?

La suite n'est évidemment pas écrite, mais diverses pistes s'ouvrent comme l'inscription dans une démarche qualité, l'accompagnement direct dans les établissements, une mise en ligne des outils et démarches ou la constitution d'un réseau de formateurs internes inter-établissements.

Conclusion

DANS LE PREMIER chapitre de cet ouvrage, nous sommes arrivés à définir l'ingénierie de la formation de la façon suivante : l'ingénierie de la formation est une démarche socioprofessionnelle où l'ingénieur-formation a, par des méthodologies appropriées, à analyser, concevoir, réaliser et évaluer des actions, dispositifs et/ou systèmes de formation en tenant compte de l'environnement et des acteurs professionnels. Ces actions, dispositifs ou systèmes sont mis en œuvre de manière optimale en vue du développement de l'organisation et des personnes.

L'ingénierie est bien un ensemble de moyens au service du développement de la formation. Et la formation est, elle, au service du développement humain dans les organisations.

L'ingénierie de la formation ne doit donc pécher ni par défaut ni par excès.

Par défaut, car sans une démarche d'ingénierie de la formation, les entreprises se condamnent à une forme d'immobilisme intellectuel et social d'une part et au non développement de leurs compétences d'autre part.

Par excès, car la démarche d'ingénierie ne s'élabore pas pour enfermer l'organisation et les hommes dans un carcan, mais pour servir de guide, de trame et donc dépasser l'outil.

Le garant de la démarche est, et reste, le responsable de la formation par son professionnalisme, son engagement méthodologique dans l'action et aussi le recul déontologique. Dans cet esprit, le responsable de la formation inscrit, nous l'avons vu, sa démarche dans une double logique : entre individu et organisation, et entre formation et production. Ces deux axes et les quatre pôles qui en découlent illustrent bien les différentes positions professionnelles que le responsable de formation a à tenir et par là même les compétences à mettre en œuvre (voir figure ci-dessous).

Les dimensions de la fonction formation

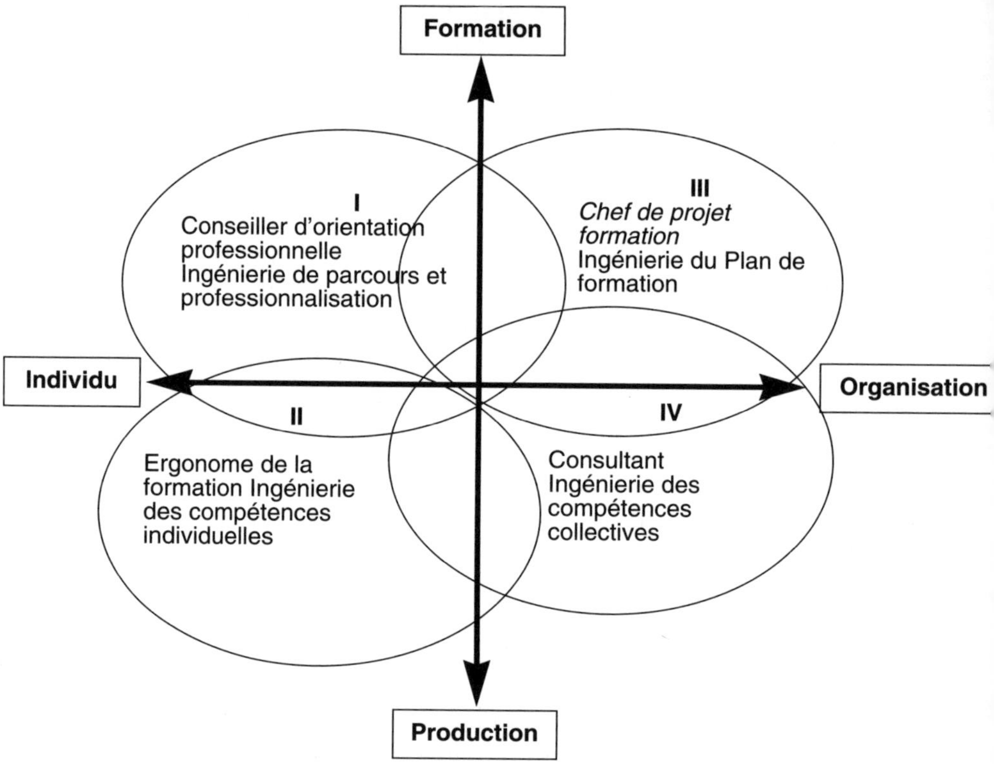

Si le travail d'un responsable de formation est, toujours, de rechercher le développement de la compétence tant individuelle que collective dans un souci de qualification et/ou de reconversion, nous voyons bien que les orientations peuvent varier.

Le responsable de formation est appelé à tenir différentes positions.

- En I, les deux logiques sont la formation et l'individu. Le responsable de formation est un *conseiller d'orientation professionnelle*. Il agit prioritairement dans une orientation de formation individuelle pour une évolution professionnelle ou sociale. Dans ce cas, le responsable de formation a une dimension de conseil individuel, voire d'orientation professionnelle centrée sur la personne. Les formations correspondent alors à des demandes individuelles, des congés individuels de formation, des formations qualifiantes ou de promotion sociale.
- En II, se croisent les logiques de l'individu et de la production. Il s'agit de former une personne dans une perspective d'application ou de perfectionnement à un emploi. Le responsable de formation est *un ergonome de la formation* dans un souci d'adaptation réciproque individu-travail. Les actions sont centrées sur l'adaptation à l'emploi et la promotion professionnelle.
- En III, les logiques dominantes sont la formation et l'organisation. Le responsable est un *chef de projet du plan de formation* centré sur la dimension collective du travail finalisé dans l'organisation, où il met en œuvre une politique de formation dans tous ses aspects techniques, organisationnels et humains. Le plan de formation et ses déclinaisons notamment pour des publics cibles ou des formations transversales (qualité, sécurité, management), caractérisent cette situation.
- Enfin en IV, où apparaissent les orientations organisation et production. Il peut être défini comme un *consultant* accompagnant les évolutions socio-organisationnelles de l'institution et/ou de l'activité. Il agit comme animateur de projet ou consultant interne pour anticiper ou participer à des restructurations, des projets de service ou le montage de formations techniques.

Par son travail mais aussi par sa place comme homme d'interface, un élément dominant de la professionnalité du responsable de formation est d'être un « passeur ».

Il est « passeur » dans sa capacité à naviguer entre les différentes logiques et dispositifs. Il est à même de « passer » dans les quatre registres de la fonction. Par ces passages, il donne du lien et du sens entre les différentes actions et favorise ainsi une perception d'ensemble. Par sa compétence, le responsable de formation est un professionnel de l'organisation et cette dimension est un élément important de son identité professionnelle.

Et, il est aussi un passeur entre l'individu et l'organisation. Il peut favoriser l'insertion professionnelle, la reconversion ou la transformation individuelle par l'information, le conseil, voire le soutien. Par cet ensemble de compétences, le responsable de formation apporte une « plus-value » professionnelle qui va au-delà du savoir-faire technique et organisationnel.

Dans une fonction formation en pleine évolution qui est de plus en plus intégrée au travail et où le responsable de formation doit partager celle-ci avec d'autres opérateurs non professionnels du domaine de la formation ou des ressources humaines, le responsable de formation doit être à même de gérer les différentes tensions et contradictions que nous avons relevées. Il se doit donc de développer de nouvelles compétences professionnelles et personnelles de « maillage » des compétences de l'organisation. Si cette fonction formation est effectivement tiraillée et traversée par des logiques différentes, elle n'est, me semble-t-il, pas remise en cause dans sa finalité.

Rappelons pour finir que si la recherche de la meilleure efficacité est notre travail, n'oublions surtout pas que :

- Premièrement, nous travaillons avec des personnes, donc non réductibles à des données statistiques ;
- Deuxièmement, que l'ingénierie de la formation ne s'inscrit pas, de notre point de vue, dans un marché de dupes mais dans une logique partenariale et contractuelle.

En définitive, nous vous proposons à la réflexion cette lettre de 1685, toujours d'actualité, de Vauban à Louvois.

Les méfaits des rabais et des ruptures de marchés

Lettre à Louvois, du 17 septembre 1685

Il y a quelques queues d'ouvrage des années dernières qui ne sont point finies et qui ne finiront point si les entrepreneurs en sont crus ; et tout cela, Monseigneur, par la confusion que causent les fréquents rabais

☞

☞

qui se font dans vos ouvrages, car il est certain que toutes ces ruptures de marché, manquements de parole, et renouvellement d'adjudication ne servent qu'à vous attirer tous les misérables qui ne savent donner de la tête, les fripons et les ignorants, pour entrepreneurs, et à faire fuir tous ceux qui ont de quoi et qui sont capables de conduire l'entreprise. Je dis de plus qu'elles renchérissent et retardent considérablement les ouvrages qui n'en sont que plus mauvais car ces rabais et bons marchés tant recherchés sont imaginaires, d'autant qu'il est d'un entrepreneur comme d'un homme qui se noie, qui se prend à tout ce qui peut ; or, se prendre à tout ce qu'on peut en matière d'entrepreneur, est de ne pas payer les marchands chez qui il prend des matériaux, mal payer les ouvriers qu'il emploie, friponner ceux qu'il peut, n'avoir que les plus mauvais parce qu'ils se donnent à meilleur marché que les autres, n'employer que les plus méchants matériaux qu'il peut, tirer toujours le cul en arrière sur tout ce à quoi il est obligé, tromper sur les façons, chicaner sur toutes choses et toujours crier miséricorde contre celui-ci et celui-là notamment contre tous ceux qui le veulent obliger à faire son devoir.

C'est encore un très mauvais ménage que de traiter des ouvrages à l'année parce que tout entrepreneur qui fait de tels marchés doit compter, s'il a le sens commun, de regagner tout son équipage ses peines sur la même année, au lieu que, s'il traitait pour tout un ouvrage qui dût durer deux ou trois ans, il ferait son compte sur sa durée, et de cette façon, il arriverait que tel ouvrage qui coûterait 30 livres n'en coûterait pas 27.

En voilà assez, Monseigneur, pour faire voir l'imperfection de cette conduite ; quitter la donc, et au nom de Dieu rétablissiez la bonne foi ; donnez le prix des ouvrages et ne plaignez point un honnête salaire à l'entrepreneur qui s'acquittera de son devoir ; se sera toujours le meilleur marché que vous puisez trouver. Ne faites plus les marchés à l'année, mais pour tel et tel ouvrage ; en un mot soyez fidèle dans l'exécution de votre part comme vous prétendez que l'entrepreneur le soit de la sienne.

Mais surtout n'acceptez pas d'entrepreneur qui ne soit solvable et intelligent ; c'est l'unique moyen d'être bien servi. En usant autrement vous ne verrez jamais la fin des ouvrages qui coûteront le tiers ou de quart plus qu'ils ne vaudront, vous donnerons mille chagrins à vous et à ceux qui s'en mêleront ; et vous et eux n'en serez pas moins la dupe.

Source : Vauban. *Sa famille et ses écrits, Les oisivetés et sa correspondance*, tome 2, p. 262.

Annexes

Annexe 1 – Contrat de formation professionnelle (modèle paru dans *Les Fiches pratiques de la formation continue,* Éditions Centre Inffo)

Annexe 2 – Convention annuelle de formation professionnelle continue (modèle paru dans *Les Fiches pratiques de la formation continue,* Éditions Centre Inffo)

Annexe 3 – Convention simplifiée de formation professionnelle continue (modèle paru dans *Les Fiches pratiques de la formation continue,* Éditions Centre Inffo)

Annexe 4 – Exemple de fiche d'évaluation « à chaud »

Annexe 1 – Contrat de formation professionnelle (modèle paru dans *Les Fiches pratiques de la formation continue,* Éditions Centre Inffo)

Raison ou dénomination sociale ....
Adresse de l'organisme de formation ....
....
Numéro de déclaration d'existence ....
effectuée auprès de la préfecture de région de ....

CONTRAT DE FORMATION PROFESSIONNELLE
(article l. 920-13 du Code du travail)

Entre les soussignés :
1. (Organisme de formation) ....
....
2. (Nom, prénom et adresse du cocontractant ci-après désigné le stagiaire) ....
....
Est conclu un contrat de formation professionnelle en application de l'article L. 920-13 du Code du travail.

Article 1 : Objet
En exécution du présent contrat, l'organisme de formation s'engage à organiser l'action de formation intitulée " .... "

Article 2 : Nature et caractéristiques des actions de formation
• L'action de formation entre dans la catégorie des actions de..........prévue par l'article L. 900-2 du Code du travail.
• Elle a pour objectif..........
• A l'issue de la formation, ... sera délivré(e) au stagiaire.
• Sa durée est fixée à ....
• Le programme de l'action de formation figure en annexe du présent contrat.

Article 3 : Niveau de connaissances préalables nécessaire
Afin de suivre au mieux l'action de formation susvisée et obtenir la ou les qualifications auxquelles elle prépare, le stagiaire est informé qu'il est nécessaire de posséder avant l'entrée en formation, le niveau de connaissance(s) suivant :
....

Article 4 : Organisation de l'action de formation
• L'action de formation oaura lieu du.......... au.......... à ....
• Elle est organisée pour un effectif de.......... stagiaires.
• Les conditions générales dans lesquelles la formation est fispensée, notamment les moyens pédagogiques et techniques, les modalités de contraôle de connaissances, sont les les suivantes :
....
....
....
Les conditions détaillées figurent en annexe du présent contrat.
• Les diplômes, titres ou référence de(s) (la) personne(s) chargée(s) de la formation sont indiqués, ci-dessous :
....
....
....

Article 5 : Délai de rétractation
A compter de la date de signature du présent contrat, le stagiaire a un délai de 10 jours pour se rétracter. Il en informe l'organisme de formation par lettre recommandée avec accusé de réception.
Dans ce cas, aucune somme ne peut être exigée du stagiaire.

Article 6 : Dispositions financières
• Le prix de l'action de formation est fixé à .... F.
• Le stagiaire s'engage à verser :
- la totalité du prix susmentionné selon les modalités de paiement suivantes :
(ou)
- une partie du prix susmentionné à hauteur de..........F.
La différence d'un montant de.......... est acquittée par (nom et adresse de l'organismes)p.
Les modalités de paiement de la somme de..........F

☞

☞

• Après délai de rétractation mentionné à l'article 5 du présent contrat, le stagiaire effectue un premier versement d'un montant de..................... F. Cette somme ne peut être supérieure à 30 % du prix dû par le stagiaire. Le paiement du solde, à la charge du stagiaire, est échelonné au fur et à mesure du déroulement de l'action de formation, selon le calendrier, ci-dessous :

............................F le ..../......../..........   ....F le.../.../...

Article 7 : Interruption du stage

En cas de cessation anticipée de la formation du fait de l'organisme de formation ou l'abandon du stage par le stagiaire pour un motif autre que la force majeure dûment reconnue, le présent contrat est résilié selon les modalités financières suivantes :

....

Si le stagiaire est empêché de suivre la formation par suite de force majeure dûment reconnue, le contrat de formation professionnelle est résilié. Dans ce cas, seules les prestations effectivement dispensées sont dues au prorata temporis de leur valeur prévue au présent contrat.

Article 8 : Cas de différend

Si une contestation ou un différend n'ont pu être réglés à l'amiable, le tribunal de...................................sera seul compétent pour régler le litige.

Fait, en double exemplaire, à.............................le ..../......../..........

Pour le stagiaire	Pour l'organisme de formation
(nom et prénom du signataire)	(nom et qualité du signataire)
Signature	Signature et cachet

Annexe 2 – Convention annuelle de formation professionnelle continue (modèle paru dans *Les Fiches pratiques de la formation continue,* Éditions Centre Inffo)

RAISON SOCIALE DE L'ORGANISME DE FORMATION
Numéro de déclaration d'existence ....
auprès de la préfecture de la région ....
N° ....

CONVENTION ANNUELLE DE FORMATION PROFESSIONNELLE CONTINUE (*)
Entre les soussignés :
1) (organisme de formation) ....
....
2) (désignation de l'entreprise) ....
....
représentée par ....
est conclue la convention suivante, en application des dispositions du livre IX du Code du travail portant organisation de la formation professionnelle continue dans le cadre de l'éducation permanente.

Article 1er : Objet de la convention
En exécution de la présente convention, l'organisme s'engage à organiser les actions de formation prévues à l'annexe ci-jointe, dans les conditions fixées par les articles suivants.

Article 2 : Nature et caractéristiques des actions de formation
a) Les actions envisagées entrent dans l'une des catégories prévues à l'aricle L. 900-2 du Code du travail : adaptation, promotion, prévention, acquisition, entretien ou perfectionnement des connaissances.
b) Chaque action de formation est définie par une annexe jointe à la présente convention, qui indique son objet, son programme, sa durée, ses dates, les effectifs concernés, le lieu de déroulement du stage, les moyens pédagogiques et techniques mis en oeuvre, les modalités de contrôle des connaissances et, le cas échéant, la nature de la sanction de la formation dispensée, le montant net de la formation.

Article 3 : Dispositions financières
a) L'entreprise signataire, en contrepartie des actions de formation réalisées, s'engage à verser à l'organisme, au titre de sa participation de l'année 199..., une somme correspondant aux frais de formation (ainsi qu'aux frais d'hébergement, s'il y a lieu)(1) de : .... F.
b) L'organisme de formation, en contrepartie des sommes reçues, s'engage à réaliser toutes les actions prévues dans le cadre de la présente convention ainsi qu'à fournir tout document et pièce de nature à justifier la réalité et la validité des dépenses de formation engagées à ce titre.

Article 4 : Résiliation de la convention
Conformément à l'article L. 920-9 du Code du travail :
a) En cas de résiliation de la présente convention par l'entreprise à moins de ..... jours francs avant le début d'une des actions mentionnées à l'annexe, l'organisme retiendra sur le coût total, les sommes qu'il aura réellement dépensées ou engagées pour la réalisation de ladite action .
b) En cas de modification unilatérale par l'organisme de formation de l'un des éléments fixés à l'article 2 b) et à l'annexe ci-jointe, l'entreprise se réserve le droit de mettre fin à la présente convention. Le délai d'annulation étant, toutefois, limité à .... jours francs avant la date prévue de commencement d'une des actions mentionnées à la présente convention. Il sera, dans ce cas, procédé à une résorption anticipée de la convention.

Article 5 : Date d'effet et durée de la convention
La présente convention prend effet à compter du 1er janvier de l'année 199......, pour s'achever au 31 décembre 199......
Les actions de formation doivent se dérouler au cours de cette période de validité (2) .

Article 6 : Différends éventuels
Si une contestation ou un différend n'ont pu être réglés à l'amiable, le tribunal de .... sera seul compétent pour régler le litige.
Fait en double exemplaire, à................................, le ....

Pour l'entreprise
(nom et qualité du signataire)

Pour l'organisme
(nom et qualité du signataire)

ANNEXE A LA CONVENTION
N° ....
Signée au titre de l'année 199......... de participation de l'entreprise
(désignation ....)

(*) NDLR : Ce modèle de convention donné à titre d'exemple intègre les mentions qui doivent obligatoirement figurer dans un tel document. Les parties à la convention pourront rédiger à leur façon les clauses proposées dans ce modèle, ou en rajouter de nouvelles (par exemple, une clause spécifique concernant l'organisation de l'évaluation de la formation par l'organisme).
(1) Ces deux montants sont à distinguer.
(2) Ces dates sont données à titre d'exemple. Une convention annuelle doit être conclue entre le 1er janvier et le 31 décembre de la même année.

Annexe 3 – Convention simplifiée de formation professionnelle continue (modèle paru dans *Les Fiches pratiques de la formation continue,* Éditions Centre Inffo)

RAISON SOCIALE DE L'ORGANISME DE FORMATION
Numéro de déclaration d'existence
auprès de la préfecture de la
région ....
N° ....

CONVENTION SIMPLIFIEE DE FORMATION PROFESSIONNELLE CONTINUE (*)
Entre les soussignés :
1) (Organisme de formation) ....
....
2) (Désignation de l'entreprise) ....
....
représentée par ....
est conclue la convention suivante, en application des dispositions du livre IX du Code du travail portant organisation de la formation professionnelle continue dans le cadre de l'éducation permanente.

Article 1er : Objet de la convention
L'organisme .... organisera l'action de formation suivante :
- Intitulé du stage : ....
- Objectifs : ....
- Programme et méthodes : (annexe 1)
- Type d'action de formation (au sens de l'article L. 900-2 du Code du travail : adaptation, promotion, prévention, acquisition, entretien ou perfectionnement des connaissances): ....
- Dates : ....
- Durée : ....
- Lieu : ....

Article 2 : Effectif formé
L'organisme .... accueillera les personnes suivantes (noms et fonctions) (annexe 2).

Article 3 : Dispositions financières
En contrepartie de cette action de formation, l'employeur s'acquittera des coûts suivants :
Frais de formation : coût unitaire H.T. .... × .... stagiaire(s) = ...F.H.T.
Frais de restauration : coût unitaire H.T. .... × .... jour(s) × .... stagiaire(s) = ... F.H.T.
et/ou d'hébergement
Soit un total de : .... F.H.T.
Sommes versées par l'entreprise à titre d'acomptes (éventuellement) : .... F.H.T.
Sommes restant dues : .... F.H.T.
T.V.A. (20,60 %) ....
TOTAL GENERAL .... F.

Article 4 : Modalités de règlement
Le paiement sera du à réception de la facture.
A régler : par chèque bancaire / par C.C.P.

Article 5 : Dédit ou abandon
En cas de dédit par l'entreprise à moins de ..... jours francs avant le début de l'action mentionnée à l'article 1, ou d'abandon en cours de formation par un ou plusieurs stagiaires, l'organisme retiendra sur le coût total, les sommes qu'il aura réellement dépensées ou engagées pour la réalisation de ladite action, conformément aux dispositions de l'article L. 920-9 du Code du travail.

Article 6 : Différends éventuels
Si une contestation ou un différend ne peuvent être réglés à l'amiable, le tribunal de .... sera seul compétent pour régler le litige.

Fait en double exemplaire, à .... ,
le ....

Pour l'entreprise
(nom et qualité du signataire)

Pour l'organisme
(nom et qualité du signataire)

ANNEXES A LA CONVENTION :
Annexe 1 : programme de l'action réalisée.
Annexe 2 : liste des stagiaires (noms et fonctions).

(*) NDLR : Ce modèle de convention donné à titre d'exemple intègre les mentions qui doivent obligatoirement figurer dans un tel document. Les parties à la convention pourront rédiger à leur façon les clauses proposées dans ce modèle, ou en rajouter de nouvelles.

Annexe 4 – Exemple de fiche d'évaluation « à chaud »

INTITULE DE LA FORMATION :
DATES :
LIEU :

NOM DU PARTICIPANT (facultatif) :

✓ MES ATTENTES VIS-À-VIS DE LA FORMATION :
En début de formation mes attentes étaient :
–
–
–
✓ APPRÉCIATIONS :

Pour chaque rubrique, cocher la case correspondante	**Très Bien Très Satisfaisant**	**Bien Satisfaisant**	**Insuffisant Peu satisfaisant**	**Très Insuffisant Insatisfaisant**	**Sans objet**
Organisation matérielle					
Contenus théoriques					
Contenus pratiques					
Echanges entre participants					
Animation du formateur					
Connaissances du formateur					
Méthodes pédagogiques					
Rythme de travail					
Documentation					
Réponse à mes attentes					
Transférabilité en situation					
Avis d'ensemble					

☞

☞

✓ CE QUI M'A LE PLUS INTERESSE :

–

–

–

✓ QUELLE SUITE (professionnelle, de formation…) ?

✓ REMARQUES ET SUGGESTIONS :

Liste des sigles en formation professionnelle

Au-delà des sigles utilisés dans l'ouvrage, il nous paraît intéressant de donner les sigles les plus couramment utilisés en formation, mais aussi les coordonnées pour plus d'informations.

Sigles	Développement du sigle	Informations complémentaires
Afnor	Association Française de Normalisation	Tour Europe 92 049 Paris La défense CEDEX www.afnor.fr
AFPA	Association nationale pour la Formation Professionnelle des Adultes	www.afpa.fr
AFREF	Association Française pour l'Expansion de la Formation	91, rue Blomet 75 015 Paris afref@club-internet.fr
AGEFAL	Association de Gestion des Fonds de l'Alternance	103, Bd Haussmann 75 008 Paris
AGEFIPH	Association de Gestion du Fonds pour l'Insertion Professionnelle des Handicapés	www.agefiph.asso.fr

☞

☞

AGEFOS PME	Association pour la Gestion du Fonds d'assurance FOrmation des Salariés des Petites et Moyennes Entreprises	Une délégation par région
ANACT	Agence Nationale pour l'Amélioration des Conditions de Travail	Des agences régionales ARACT 40-41, quai Fulchiron 69 321 Lyon CEDEX 5 www.anact.fr
ANDCP	Association Nationale des Directeurs et Cadres de la fonction Personnel	Ex ANDCP (Association Nationale des Directeurs et Chefs du Personnel) 29, rue Hoche 75 008 Paris www.andcp.fr
ANFH	Association Nationale pour la Formation permanente du personnel Hospitalier	256, rue de Charenton 75 012 Paris www.anfh.asso.fr
ANPE	Agence Nationale pour l'Emploi	www.anpe.fr
APCE	Agence Pour la Création d'Entreprise	Ex ANCE (Agence Nationale pour la Création d'Entreprise), APCE depuis 1996 www.apce.asso.fr
APCM	Assemblée Permanente des Chambres des Métiers	12 avenue Marceau 75 008 Paris www.apcm.com
APEC	Agence pour l'Emploi des Cadres	www.apec.asso.fr
APP	Atelier Pédagogique Permanent	Animation nationale des APP : Algora Immeuble Evolution – 16/26 rue Courbet 75 959 Paris CEDEX 19 www.algora. fr www.app.tm.fr
AREF BTP	Association REgionale paritaire pour la Formation continue dans le Bâtiment et les Travaux Publics	Une délégation par région
ASSEDIC	Association pour l'Emploi dans le Commerce et l'Industrie	Unedic – 80 rue de Reuilly 75 025 Paris CEDEX www.assedic.fr
BIT	Bureau International du Travail	Voir Organisation Internationale du Travail www.ilo.org/public/french

☞

☞

CARIF	Centre d'Animation et de Ressources de l'Information sur la Formation	Terme générique développé de manière différente par chaque région, voir Centre Inffo
CEDE-FOP	Centre Européen pour le Développement de la Formation Permanente	Installé à Thessaloniki, Grèce www.info-europ.fr www.cedefop.eu.int
CENTRE INFFO	Centre pour le développement de l'Information sur la Formation	4, avenue du Stade de France 93218 Saint Denis La Plaine CEDEX www.centre-inffo.fr
CEREQ	Centre d'Etudes et de Recherches sur les Qualifications	10, place de la Joliette, BP 21321 13567 Marseille CEDEX 02 www.cereq.fr
CCN	Convention Collective Nationale	Les CCN sont liées aux branches professionnelles BO conventions collectives 26, rue Desaix 75 727 Paris CEDEX 15 www.journal-officiel.gouv.fr
CGPME	Confédération Générale des Petites et Moyennes Entreprises	www.cgpme.pf
CHSCT	Comité d'Hygiène de Sécurité et des Conditions de Travail	Voir www.inrs.fr
CIBC	Centre Inter institutionnel de Bilan de Compétences	www.cibc.net
CIF	Congé Individuel de Formation	Géré par les OPACIF (dont le FONGECIF), appelé aussi : Congé Formation pour l'Education Nationale et Congé de Formation Professionnelle dans le secteur hospitalier, géré alors par ces structures
CNAM	Conservatoire National des Arts et Métiers	2, rue Conté 75 003 Paris www.cnam.fr
CNASEA	Centre National pour l'Aménagement des Structures des Exploitations Agricoles	www.cnasea.fr

☞

☞

CNED	Centre National d'Enseignement à Distance	BP 60200 86980 Futuroscope Chasseneuil CEDEX www.cned.fr
CNFPT	Centre National de la Fonction Publique Territoriale	10-12, rue d'Anjou 75 381 Paris CEDEX www.cnfpt.fr
COPACIF	Comité Paritaire du Congé Individuel de Formation	www.c-i-f.com
COREF	COmité REgional de le Formation professionnelle, de la promotion sociale et de l'emploi	
COTO-REP	COmmission Technique d'Orientation et de Reclassement Professionnel (des travailleurs handicapés)	Annuaire cotorep www.travail.gouv.fr www.social.gouv.fr
CRDP	Centre Régional de Documentation Pédagogique	Liste pour chaque académie au Centre National de Documentation Pédagogique 29, rue d'Ulm 75 005 Paris www.cndp.fr
CSFC	Fédération des chambres syndicales des formateurs consultants	1, rue du 11 novembre 92 120 Montreuil www.federation-csfc.com,
DAFCO CAFOC	Délégation Académique à la Formation COntinue	Une par académie sous l'autorité du recteur www.education.gouv.fr
DARES	Direction de l'Animation de la Recherche, des Etudes Statistiques	Ministère de l'emploi, du travail et de la solidarité www.travail.gouv.fr
DATAR	Délégation à l'Aménagement du Territoire et de l'Action Régionale	www.datar.gouv.fr
DGEFP	Délégation Générale à l'Emploi et à la Formation Professionnelle	www.dgefp.gouv.fr
DRTEFP DDTEFP	Direction Régionale du Travail, de l'Emploi et de la Formation Professionnelle	www.travail.gouv.fr
FAFSEA	Fonds d'Assurance Formation des Salariés des Exploitations Agricoles	Délégation dans chaque région www.fafsea.com

☞

☞

FEDER	Fonds Européen de Développement Régional	www.info-europe.fr
FFP	Fédération de la Formation Professionnelle	3, rue Léon Bonnat 75 016 Paris www.ffp.org Des délégations régionales
FONGE-CIF	FONds de GEstion du Congé Individuel de Formation	
FRAC	Fonds Régional d'Aide au Conseil	Voir auprès de chaque Conseil régional
FSE	Fonds Social Européen	www.info-europe.fr
GARF	Groupement des Animateurs et Responsables de Formation (en entreprise)	12, rue Sainte Anne 75 001 Paris
GPEC	Gestion Prévisionnelle des Emplois et Compétences	
GPLI	Groupe Permanent de Lutte contre l'Illettrisme	Relayé au niveau Régional par les GRLI
GRETA	Groupement d'ETAblissements (Éducation Nationale)	Voir DAFCO
INRP	Institut National de la Recherche Pédagogique	29, rue d'Ulm 75 230 Paris CEDEX 05 www.inrp.fr
INSEE	Institut National de la Statistique et des Etudes Economiques	www.insee.fr
ISO	International Standard Organisation	Normes internationales pour les produits, les services ou la qualité totale www.iso.ch
MEDEF	Mouvement des Entreprises DE France	Ex CNPF (Comité National du Patronat Français), changement en octobre 1998 www.medef.fr

☞

NAF	Nomenclature d'Activités Françaises	Date de 1993, a remplacé la NAP Cherche à définir et classer les secteurs d'activité économique
NAP	Nomenclature d'Activités et de Produits	Date de 1973, est remplacé par la NAF
NTIC	Nouvelles Technologies de l'Information et de la Communication	
OMA	Organisme Mutualisateur Agréé	Gère les fonds de l'alternance
ONISEP	Office National d'Information sur les Enseignements et le Professions	Des centres académiques et des antennes dans les CIO www.onisep.fr
OPACIF	Organisme Paritaire Agréé gestionnaire du Congé Individuel de Formation	
OPCA	Organisme Paritaire Collecteur Agréé	Terme générique décliné par les branches professionnelles (depuis 1993)
OPQF	Office Professionnel de Qualification des organismes de Formation	6, rue Louis Pasteur BP 124 92106 Boulogne Billancourt CEDEX
OREF	Observatoire Régional Emploi Formation	
PAIO	Permanence d'Accueil d'Information et d'Orientation	
RACINE	Réseau d'Appui et de Capitalisation des Innovations Européennes	www.racine.asso.fr
ROME	Répertoire Opérationnel des Métiers et des Emplois	Edité par l'ANPE, consultable aussi dans les CARIF, PAIO et les centres de bilan et de formation
UPA	Union Professionnelle Artisanale	79, avenue de Villiers 75 017 Paris www.upa.fr
UNEDIC	Union Nationale Interprofessionnelle pour l'Emploi	www.assedic.fr

☞

URSSAF	Union pour le Recouvrement des cotisations de la Sécurité Sociale et des Allocations Familiales	www.urssaf.fr
VAE	Validation des Acquis de l'Expérience	www.travail.gouv.fr
VAP	Validation des Acquis Professionnels	

➤ Sitographie complémentaire

www.mife90.org

www.opcib.com/lexique

www.asea43.org/siglecde

www.dife.com/autres/lexique

www.em-g.com

www.formaguide.com

Glossaire

Les définitions entre guillemets renvoient à des citations précises et référencées, les autres sont une synthèse par l'auteur des travaux existants dans le domaine.

Acquis	Ensemble des savoirs et savoir-faire maîtrisés par une personne dans le cadre d'une activité professionnelle, sociale ou de formation.
Cahier des charges	« Document contractuel, issu de la négociation des éléments du cahier des charges de la demande et de l'accord entre l'entreprise et le dispensateur de formation, en vue d'atteindre les objectifs déterminés. » (Afnor X 50-750, 1996)
Compétence	*Définitions opérationnelles* : « Compétence professionnelle : mise en œuvre, en situation professionnelle, de capacités qui permettent d'exercer convenablement une fonction ou activité. » (Afnor X 50-750, 1996) « Savoir-faire opérationnel validé » (Usinor) (A. Meignant, *Manager la formation*, Éditions Liaison, 1993) *Définition conceptuelle :* « La compétence est la formalisation d'une dynamique complexe d'un ensemble structuré de savoirs (savoirs, savoir faire, savoir être, savoir agir, savoirs sociaux et culturels, savoirs expérientiels) mobilisés de manière finalisée et opératoire dans un contexte particulier. La compétence est la résultante reconnue de l'interaction entre l'individu et l'environnement. » (T. Ardouin, Ronéo, Université de Rouen, 2002). ☞

☞

Dispensateur de formation	« Toute personne physique ou morale ayant la capacité de souscrire des conventions ou des contrats de prestations de service dont l'objet est la formation. » (Définition de nature juridique, Afnor X50-750, 1996)
Emploi	« Ensemble théorique représentant une famille de postes de travail, ayant des caractéristiques communes (missions, activités) et faisant appel a des compétences proches ou similaires. Un emploi peut être caractérisé comme un emploi type ou un emploi cible. » (G. Le Boterf, *L'ingénierie et l'évaluation de la formation*, Éditions d'Organisation, 1990)
Emploi cible	« Anticipation d'un emploi tel qu'il devrait être exercé à moyen terme. Le contenu d'un emploi cible exprime une tendance. Il ne saurait être normatif. » (G. Le Boterf, *L'ingénierie et l'évaluation de la formation*, Éditions d'Organisation, 1990)
Emploi sensible	« Emploi type dont les contenus sont susceptibles de varier particulièrement sous l'influence de facteurs d'évolution. » (G. Le Boterf, *L'ingénierie et l'évaluation de la formation*, Éditions d'Organisation, 1990)
Emploi type	« Emploi tel qu'il est exercé réellement au travers des postes de travail. » (G. Le Boterf, *L'ingénierie et l'évaluation de la formation*, Éditions d'Organisation, 1990)
Ingénierie de la formation	« Ensemble de démarches méthodologiques cohérentes qui s'appliquent à la conception de systèmes d'actions et de dispositifs de formation pour atteindre efficacement l'objectif fixé. » (Afnor X50-750, 1996) « Démarche socioprofessionnelle d'optimisation où l'ingénieur-formation a, par des méthodologies appropriées à analyser, concevoir, réaliser et évaluer des actions, dispositifs ou systèmes de formation en tenant compte de l'environnement et des acteurs professionnels, en vue du développement des organisations et des individus. » (T. Ardouin, 2001)
Métier	« Corpus cohérent des savoirs, savoir-faire et savoir être faisant appel à un ou plusieurs domaines spécialisés de connaissances nécessaires à l'exercice de plusieurs emplois d'une même famille. » (G. Le Boterf, *L'ingénierie et l'évaluation de la formation*, Éditions d'Organisation, 1990) « Un métier regroupe un ensemble d'emplois qui présentent des proximités de tâches ou de compétences pour être étudiés et traités de façon globale. Le métier désigne le noyau dur des activités maîtrisées par une entreprise, ce qui fait sa spécificité. » (A. Guittet, *Développer les compétences par une ingénierie de la formation*, ESF, 1995)

☞

Niveau de formation	Les niveaux de formation sont définis par la nomenclature interministérielle du 11 juillet 1967 : - Niveau I : personnel occupant des emplois de cadres exigeant une formation équivalent à un 3e cycle universitaire (doctorat, DESS, Master) ou école d'ingénieur. - Niveau II : personnel, cadre ou non, occupant des emplois exigeant normalement une formation équivalent au deuxième cycle universitaire (Licence, Maîtrise). - Niveau III : personnel occupant des emplois exigeant normalement une formation de premier cycle universitaire (DEUG, DUT, Ecole professionnelle), ou de brevet de technicien supérieur. - Niveau IV : personnel occupant des emplois exigeant normalement une formation du niveau du baccalauréat général, technique, professionnel ou du brevet de technicien. - Niveau V : personnel occupant des emplois exigeant normalement une formation du niveau du Brevet d'Etudes Professionnelles (BEP) ou Certificat d'Aptitude Professionnelle (CAP). - Niveau VI : personnel occupant des emplois n'exigeant pas de qualification au delà du niveau de scolarité obligatoire.
Objectif de formation	« Ensemble des conséquences attendues de la mise en œuvre de la formation » (AFPA, vocabulaire des formateurs, 1992) « Compétence(s) à acquérir, à améliorer ou à entretenir exprimée(s) initialement par les commanditaires et/ou les formés. L'objectif de formation est l'élément fondamental des cahiers des charges. Il sert à évaluer les effets de la formation » (Afnor X50-750, 1996)
Objectif pédagogique	« Capacité(s) que le formé doit avoir acquise(s) à l'issue d'une action de formation, définie(s) par le formateur, à partir d'un objectif de formation. L'objectif pédagogique sert à construire et à conduire l'action de formation, et à évaluer les capacités acquises. » (Afnor R X50-750, 1996)
Plan de formation	Document présentant l'ensemble des formations retenues par l'employeur en fonction des objectifs poursuivis par l'entreprise.
Poste	« Situation de travail entièrement définie par l'organisation quant au lieu d'exercice, son contenu et ses modalités d'exécution, indépendamment de son titulaire. Il est constitué de l'ensemble ordonné des tâches réalisées par une personne. Il constitue l'unité élémentaire de la division du travail dans l'entreprise. » (J.-F. Bonami, *Valider les acquis professionnels*, Éditions d'Organisation, 2000)
Pré-requis	Les éléments indispensables (d'ordre administratif ou situationnel) ou acquis exigés pour suivre une formation.

☞

Programme de formation	« Descriptif écrit et détaillé des contenus de formation planifiés. Il respecte une progression pédagogique liée aux objectifs de formation à atteindre. » (Afnor X50-750, 1996)
Reconnaissance des Acquis	Notion qui recouvre l'ensemble des pratiques et procédures contribuant, aux différents moments de la vie d'un individu, à la prise en compte de ses compétences et connaissances. La reconnaissance des acquis : - suppose le repérage et l'identification des acquis en fonction d'un projet de qualification et/ou d'insertion, comportant dans certain cas, des objectifs précis ; - elle n'a de valeur que par la pratique sociale qu'elle engendre ; - l'évaluation qu'elle contient « engage le signataire » et peut être préalable à une validation dès lors qu'il y a explicitation et mise en forme des acquis, assorties de conditions de mise en œuvre rigoureuse de l'évaluation, avec des critères définis au départ.
Référentiel	Inventaire d'actes, de performances observables, de capacités, de compétences permettant de donner une représentation la plus claire possible de l'objet désigné et formant un système de référence. Un référentiel doit être élaboré de façon concertée et doit être validé par l'organisation.
Référentiel métier	Appelé aussi référentiel emploi ou référentiel d'activité, le référentiel métier est une information de synthèse sur l'activité professionnelle attendue et décline les missions, fonctions et activités en lien avec l'environnement interne et externe.
Référentiel de compétences	Le référentiel de compétences est directement issu du référentiel métier (et parfois intégré à celui-ci), il décline l'ensemble des connaissances et attitudes professionnelles nécessaires pour occuper efficacement un emploi.
Référentiel de formation	Description des objectifs de formation et des moyens nécessaires pour atteindre ces derniers. Le référentiel de formation est produit par l'expertise du formateur (domaine disciplinaire et technique, connaissance de l'emploi ou du métier) et du pédagogue (progression pédagogique, questionnement didactique, modalités pédagogiques). Le référentiel de formation est indispensable pour évaluer les acquis à l'entrée, pendant et à l'issue de la formation.
Savoir	« Ensemble d'informations détenues en propre par un individu. Le savoir peut être compris comme un terme générique. Il se décline en connaissances, savoir-faire, savoir être. » (J.-F. Bonami, *Valider les acquis professionnels*, Éditions d'Organisation, 2000). « Ensemble de connaissances théoriques et pratiques. » (A. Guittet, *Développer les compétences par une ingénierie de la formation*, ESF, 1995)

☞

☞

Validation des Acquis	Acte officiel qui consiste à certifier au nom de l'autorité compétente qu'un individu a fait la preuve par des moyens codifiés, connus et déterminés à l'avance (et donc non arbitraire) qu'il maîtrise les savoirs et les savoir-faire correspondant à tel diplôme ou tel titre homologué. Il s'agit donc d'une reconnaissance institutionnelle des acquis, professionnel et/ou de l'expérience.

Liste des tableaux, figures et Fiches Guide

➤ **Listes des figures**

➤ **Liste des tableaux**

➤ **Liste des Fiches Guides**

Bibliographie

Ardouin T. – « De l'interface au passeur : posture et identité professionnelle du responsable de formation », Questions de recherche en Éducation, n° 1, INRP, Éducations, 1999.

Ardouin T. – *Interface et posture professionnelle*, Actualité de la Formation Permanente, n° 171 mars-avril, p. 34-38, 2001.

Ardouin T. – « Place de la formation interne en entreprise », in Gangloff B., *L'individu et les performances organisationnelles*, L'Harmattan, Paris, p. 7-19, 2000.

Ardouin T. – « Le tutorat comme producteur de nouvelles identités professionnelles », in Astolfi J.-P., *Éducation, formation : nouvelles identités professionnelles*, ESF, Paris, 2003.

AFPA – *L'ingénierie de formation*, coll. Repères, Montreuil, 1998.

AFPA – *Vocabulaire des formateurs, 320 termes en cinq langues*, 1992.

Ardoino J. – « L'intrication du contrôle et de l'évaluation », *Éducations,* n° 12, 1997.

Ardoino J., Berger G. – *D'une évaluation en miette à une évaluation en actes*, Matrice, Paris, 1989.

Afnor – *Les normes de la formation professionnelle*, Paris, 1992.

Barbier J.-M., Lesne M. – *L'analyse des besoins en formation*, Robert Jauze, Paris, 1977.

Barbier J.-M. – *Situations de travail et formation,* L'Harmattan, Paris, 1996.

Bellenger L., Dennery M. (dir.) – *Guide pratique de la formation*, ESF, Paris, 2002.

Bellier S. – *L'ingénierie en formation d'adultes*, Éditions Liaisons, Paris, 2002.

Beillerot J. – *Voies et voix de la formation*, Édition Universitaires, Paris, 1998.

Bernaud J.-L., Lemoine C. (dir.) – *Traité de psychologie du travail et des organisations*, Dunod, Paris, 1999.

Besnard P., Liétard B. – *La formation continue*, Que sais-je ? PUF, Paris, 1982.

Blandin B. – « L'ingénierie de formation : des projets aux actes », *Actualité de la Formation Permanente*, n° 107, p. 62-68, 1990.

Bonami J.-F. – *Valider les acquis professionnels*, Éditions d'Organisation, Paris, 2000.

Bottin C. – *Diagnostic et changement*, Éditions d'Organisation, Paris, 1991.

Bosman C., Gérard F.-M., Rogier X. – *Quel avenir pour les compétences*, De Boeck, Bruxelles, 2000.

Bourgeois E. – *L'adulte en formation - regards pluriels*, De Boeck Université, Bruxelles, 1996.

Bourgeois E., Nizet J. – *Apprentissage et formation des adultes*, PUF, Paris, 1997.

Bouthors M. – « La recherche en technologie de l'éducation 1970-1987 », *in Perspectives Documentaires en Sciences de l'Education*, 13, Paris, Institut National de Recherche Pédagogique, 53-83, 1987.

Breillot J.-M., Reinbold M.-F. – *Gérer la compétence dans l'entreprise*, L'Harmattan, Paris, 1993.

Bück J.-Y. – *Le conseil et la formation*, Publi Union, 1994.

Cadin L. *et al.* – *Gestion des ressources humaines, Pratiques et éléments théoriques*, Dunod, Paris 2001.

Candeau P. – *L'audit social*, Vuibert, Paris, 1985.

Cardinet J. – *Évaluation scolaire et pratique*, De Boeck, Bruxelles, 1986.

Carré P., Caspar P. (dir.) – *Traité des sciences et des techniques de formation*, Dunod, 1999.

Centre Inffo – *L'achat de formation*, Guide technique, 1998.

Centre Inffo – *Les fiches pratiques de la formation continue*, Paris, Centre Inffo, 2002.

Collardyn D. – « Vers une ingénierie des formations », *Éducation Permanente*, n° 81, 1985.

Danvers F. – *700 mots pour l'éducation*, Presses universitaires de Lille, 1992.

Dejoux C. – *Les compétences au cœur de l'entreprise*, Éditions d'Organisation, 2001.

De Kervasdoue J. – « L'évaluation », *Connexions*, Éditions Eres, 1990.

Delorme C. (dir.) – *L'évaluation en question*, ESF, Paris, 1994.

Dennery M. – *Piloter un projet de formation : du diagnostic des besoins à la mise sous assurance qualité*, Paris, ESF, 1999.

Dennery M. – *Évaluer la formation*, ESF, Paris, 2001.

Desgraupes P., Lhomme M. – *Évaluer la formation*, Nathan, Paris, 1994.

Dominicé P. – *L'éducation des adulte et ses effets*, PUF, Paris, 1981.

Dortier J.-F. – « L'approche systémique des organisations », *Les organisations : État des savoirs*, Éditions Sciences Humaines, p. 101-105, 1999.

Dubar C. – *La formation professionnelle continue*, coll. Repères, Éditions La Découverte, 1984.

Dubar C. – « La sociologie du travail face à la qualification et à la compétence », *Sociologie du travail*, n° 2, p. 179-192, 1996.

Durkheim E. – *Éducation et sociologie*, PUF, Paris, 1992.

Enesad Dijon – *L'ingénierie de la formation, inventaires*, Actes du colloque, Dijon, 4 et 5 juin 1997.

Fabre M. – *Penser la formation*, PUF, Paris, 1994.

Farzad M., Paivandi S. – *Reconnaissance et Validation des acquis en formation*, Anthropos Éducation, 2000.

Figari G. – *Évaluer, quel référentiel ?* Éditions De Boeck, Bruxelles, 1994.

Gather Thurler M. – « L'efficacité des établissements ne se mesurent pas : elle se construit, se négocie, se pratique et se vit », *Évaluation et analyse des établissements de formation*, De Boeck Université, Bruxelles, 1994.

De Gaujelac V., Bonetti M., Fraisse J., *L'ingénierie sociale*, Paris, Syros, 1995.

Gensse P., Topsacalian P. – *Ingénierie financière*, Economica, Paris, 1999.

Gérard F. (cood.) – *Les métiers de la formation*, Centre Inffo, 1998.

Gillet P. – « Pour une écologie du concept de compétence », *Éducation Permanente*, n° 135, p. 23-32, 1998.

Goguelin P. – *La formation continue des adultes*, PUF, Paris, 1983.

Goguelin P. – *La formation-animation, une vocation*, Entreprise Moderne d'Édition, 1987.

Guittet A. – *Développer les compétences, Pour une ingénierie de la formation*, ESF, Paris, 1995.

Hadji C. – *L'évaluation, règles du jeu*, 6e édition, ESF, Paris, 1989, 2000.

Hauser R. – *L'investissement formation*, Éditions d'Organisation, Paris, 1988.

Honoré B. – *Vers l'œuvre de la formation*, L'Harmattan, Paris, 1992.

Igualens J. – *Audit des ressources humaines*, Éditions Liaisons, Paris, 1991.

Jobert G. – « La professionnalisation des formateurs », *Actualité de la formation permanente*, Centre Inffo, n° 103, 1989.

Joras M. – *Le bilan de compétences*, PUF, Que sais-je ? n° 2979, 1995.

de Ketele J.-M. – *Observer pour éduquer*, Peter Lang, Berne, 1980.

de Ketele J.-M., Gerard F.-M., Roegiers Xavier – « L'évaluation et l'observation scolaires – deux démarches complémentaires », *Éducations* n° 12, 1997.

Knowles M. – *L'adulte apprenant*, Éditions d'Organisation, 1990, (1re éd. 1973).

de Landsheere G. – *Dictionnaire de l'évaluation et de la recherche en éducation*, PUF, Paris, 1979.

Laot F. – *La formation des adultes. Histoire d'une utopie en acte. Le complexe de Nancy*, L'Harmattan, Paris, 1999.

Laurens P. *et al.* – *Construire la qualité de la formation*, Éditions Eres, 1998.

Le Boterf G., Dupouey P., Viallet F. – *L'audit de la formation professionnelle*, Éditions d'Organisation, Paris, 1985.

Le Boterf G. – *Le schéma directeur des emplois et des ressources humaines*, Éditions d'Organisation, Paris, 1988.

Le Boterf G. – *L'ingénierie et l'évaluation de la formation*, Éditions d'Organisation, Paris, 1990.

Le Boterf G. – *Compétence et navigation professionnelle*, Éditions d'Organisation, Paris, 1999.

Le Boterf G. – « L'ingénierie du développement des ressources humaines : de quoi s'agit-il ? », *Éducation Permanente*, n° 81, 1985.

Lecointe M., Rebinguet M. – *Éthique et pratique de l'audit. Le cas de l'audit de formation*, Chronique Sociale, Lyon, 1994.

Le Goff J.-P. – *La barbarie douce. La modernisation aveugle des entreprises et de l'école*, La Découverte, Paris, 1999.

Lemoine C. – *Se former au bilan de compétences*, Dunod, Paris, 2002.

Lesne M., Minvielle Y. – « Dix thèses sur l'évaluation en formation des adultes », *Pour*, n° 56, 1997.

Lesne M., Minvielle Y. – *Socialisation et formation*, Païdeia, Paris, 1990.

Levy Boyer C. – *Le bilan de compétences*, Éditions d'Organisation, 1993.

Levy Boyer C. – *La gestion des compétences*, Éditions d'Organisation, 1996.

Malglaive G. – « Compétences et ingénierie de formation » in *La compétence : mythe, construction ou réalité ?* Minet F., Parlier M., de Witte S., L'Harmattan, p. 153-167, 1994.

Mare-Girault S. – *L'organisation qualifiante*, L'Harmattan, Paris, 2001.

Martin J.-P., Savary E. – *Formateur d'adultes - Se professionnaliser, exercer au quotidien*, Chronique Sociale, Lyon, 1996.

Martory B., Crozet D. – *Gestion des ressources humaines, Pilotage social et performances*, Dunod, Paris, 2001.

Meignant A., Lhuilley F. – *L'audit de la formation*, Entreprise et Personnel, Paris, 1985.

Meignant A. – *Manager la formation*, Éditions Liaisons, Paris, 1991.

Meignant A. – *Les compétences de la fonction Ressources Humaines*, Éditions Liaisons, 1995.

Minvielle Y. – *L'Hebdo – Emploi et Formation*, n° 115.

Morin P. – « L'intervention dans l'entreprise et le développement des organisations » in *Traité de Psychologie du travail*, PUF, Paris, p. 77-101, 1987.

Pain A., cité par Aubigny J., in *Formation et développement : vers une ingénierie de la formation*, Paris, L'Harmattan, 1989.

Palazzeschi Y. – *Introduction à une sociologie de la formation. Anthologie de textes français 1944-1994*, 2 vol., coll. Éducation et Formation, L'Harmattan, Paris, 1998.

Parlier M., Minet F., de Witte S. – *La compétence : mythe, construction sociale ou réalité*, L'Harmattan, Paris, 1994.

de Perreti A. – « Autour du mot : Ingénierie », in *Recherche et Formation*, n° 16, INRP, p. 125-144, 1994.

de Perreti A., Boniface J., Legrand J. – *Encyclopédie de l'évaluation en formation et en éducation*, ESF, Paris, 1998.

Peretti J.-M., Vachette J.-L. – *L'audit social*, Éditions d'Organisation, Paris, 1987.

Peretti J.-M. – *Ressources Humaines*, Vuibert Gestion, Paris, 1990, 2001.

Pigeyre F. *et al.* – *Management des compétences*, Dunod, Paris, 2002.

Ponchelet A. – « Ingénierie ou ingénieries ? », *Actualité de la Formation Permanente*, n° 107, p. 29-37, 1990.

Raynal F., Rieunier A. – *Petit dictionnaire de pédagogie*, édition IPNETP, 1997.

Reinbold M.-F. – « La notion de compétence : les concepts de base », *Actualité de la Formation Permanente*, n° 135, mars-avril. p. 10-13, 1995.

Reinbold M.-F. – « Du référentiel d'emploi au programme de développement des compétences », *Actualité de la Formation Permanente*, Centre Inffo, n° 143, 1996.

Sainsaulieu R. – *Sociologie de l'organisation et de l'entreprise*, Paris, PFNS, 1985.

Saint Sauveur A. – *Le plan de formation dans les PME-PMI*, Éditions d'Organisation – APEC, Paris, 1990.

Soyer J. – *Fonction formation*, Éditions d'Organisation, Paris, 1998.

Soyer J. – *L'achat de formation*, Édition d'Organisation, Paris, 2000.

Stufflebeam D.-L. *et al.* – *L'évaluation en éducation et la prise de décision*, Edition NHP, Ottawa, 1980.

Taïeb J.-P. – *Les tableaux de bord de la gestion sociale*, Dunod, Paris, 2001.

Terrot N. – *Histoire de l'éducation des adultes en France*, Edilig, Paris, 1983.

Thevenet M. – *Audit de la culture d'entreprise*, Éditions d'Organisation, Paris, 1986.

Vial M. – « La régulation cybernétique et la régulation systémiste », *Éducations*, n° 12, 1997.

Viallet F. – *L'ingénierie de la formation*, Éditions d'Organisation, Paris, 1987.

Vidal F. – « La négociation des critères, condition de la qualité en formation », *Éducation Permanente,* n° 126, p. 161-175, 1996.

Vincent C. – *La formation, relais de la stratégie d'entreprise*, Éditions d'Organisation, Paris, 1990.

de Virville – *Donner un nouvel élan à la formation professionnelle*, La Documentation Française, 1996.

Voisin A. – « Les idées sur la qualité de la formation : panorama 1989-2000 », in *La qualité de la formation en débat*, Éducation Permanente, n° 147, p. 7-17, 2001.

Wittorski R. – *Analyse du travail et production de compétences collectives*, L'Harmattan, Paris, 1997.

Zarifian P. – « La compétence, une approche sociologique », *L'orientation scolaire et professionnelle*, 26, n° 3, p. 429-444, 1997.

Zarifian P. – *Objectif compétence*, Éditions Liaisons, Paris, 1999.

Zarifian P. – *Le modèle de la compétence*, Éditions. Liaisons, Paris, 2001.

046502-(I)-(2)-OSB 100°-FAB-JME

STEDI, 1, boulevard Ney, 75018 Paris
Dépôt légal, Imprimeur, n° 8042
Dépôt légal : août 2003
Imprimé en France